Jochanan-Sela Esch

TRÄUME DES HIMMELS

Irdisches und Himmlisches in Israel

Reiseerzählung persönlicher Art

Meiner Frau,
unseren Kindern
und Enkeln
in Dankbarkeit und Liebe
gewidmet

Jochanan-Sela Esch

TRÄUME DES HIMMELS

Irdisches und Himmlisches in Israel

Reiseerzählung persönlicher Art

Das Original von 1993/1994

2024 komplett überarbeitet, kommentiert und ergänzt durch Exkurse

u.a. zu den Themen

„Herkunft" „Angst", „Handicap" „Frömmigkeit", „Mein Lebensweg" „Israel", „Literatur" und „Das Wesen der Geschichte aus biblischer Sicht, Apokalyptik und Eschatologie".

Impressum:

Bibliografische Information der Deutschen Nationalbibliothek
Die Deutsche Nationalbibliothek verzeichnet diese Publikation in der Deutschen Nationalbibliografie; detaillierte bibliografische Daten sind im Internet über https://www.dnb.de abrufbar.

Jochanan-Sela Esch
TRÄUME DES HIMMELS
Irdisches und Himmlisches in Israel
Reiseerzählung persönlicher Art

Umschlagfoto: Sonnenaufgang am See Genezareth © Jochanan-Sela Esch

1. Auflage 2024

in der Mediengruppe Westarp
Kirchstr. 5 - 39326 Hohenwarsleben
www.westarp.de, www.westarp-bs.de, www.book-on-demand.de

ISBN: 978-3-96004-168-9

Satz & Layout, Umschlaggestaltung: Dr. Günther Wannenmacher
Lektorat: Anett Pätsch

Printed in Germany.

Inhalt

Einleitung

Zu meiner Person und zur Person meiner guten Bekannten

Jochanan-Sela Esch ist das Pseudonym, unter dem ich dieses Buch schreibe. Meine gute Bekannte aus Israel *Schoschi (Susanne) Euler-Strauss sel.A.* hat meinen bürgerlichen Namen *Hans-Peter Brenzel* auf einer unserer gemeinsamen Gruppenreisen frei assoziierend ins Hebräische übertragen. Die Verwendung des Pseudonyms ist auch ein kleines, von Herzen kommendes Zeichen der Erinnerung, Wertschätzung und Dankbarkeit an sie.

Vor 40 Jahren, als ich mit dem Gedanken ans Auswandern nach Israel spielte, habe ich auch überlegt, wie ich mich dort nennen könnte. Shoshi schlug vor von „Hans" über „Johannes" zu hebräisch *„Jochanan"*, von „Peter" über altgriechisch „Petros" = „Fels" zu hebräisch *„Sela"* und von „Brenzel", in dem ja das „Brennen", das „Feuer", die „Feuerglut" steckt, zu hebräisch „Esch" zu gelangen.

Ich denke, dass diese Bedeutungen gut zu mir und meinem Wesen passen: „Jochanan" = „JAHWE ist gnädig", das glaube ich und das ist aus meiner Sicht die Rettung für Himmel und Erde, für alle und alles.

„Sela", der Fels erinnert an Petrus, den Jünger auf den JESUS seine Gemeinde und Kirche gebaut hat. Charakterzüge des Petrus wie Begeisterung und große Worte bis zu Versagen und Schwachwerden kenne ich nur zu gut aus meinem Leben, andererseits hoffe ich, dass ich als Mensch, Ehemann, Vater, Großvater und Pfarrer zumindest teilweise ein wenig Standhaftigkeit, Halt und Sicherheit geben durfte.

Das „Feuer" in mir, die Feuerglut und von Ideen und Aktionen hat mich und andere so manches Mal mitgerissen zu außergewöhnlichen, mutigen, auch grenzwertigen Taten und Projekten. Ich weiß, dass Feuer erhellen und wärmen kann, aber auch verbrennen, verletzen und zerstören. Ich weiß aber auch, dass das Begeistert-Sein und andere begeistern können zu mir gehören. Und Menschen, die mit dieser Gabe beschenkt sind, werden bekanntlich wohl älter aber nie alt.

Schoschi Euler-Strauss wurde 1936 geboren. Ihre Eltern waren Juden aus Darmstadt die dem Bildungsbürgertum mit Kontakten zur gesellschaftlichen Oberschicht angehörten. Auf Anraten des Arztes, der um die Schwangerschaft ihrer Mutter wusste, floh das Ehepaar 1936 vor den Nazis nach Palästina. Auf einem wenig vertrauenerweckenden Schiff ging die Reise von Frankreich aus über das Mittelmeer Richtung Haifa. Finanziert wurde alles durch den Verkauf des Familienschmuckes und weiterer Wertsachen.

Dadurch kam es dazu, dass Schoschi auf dem östlichen Mittelmeer, kurz vor Haifa an Bord eines „Seelenverkäufers" geboren wurde und sie erzählte ihr Leben lang stolz, dass sie im wahrsten Sinne des Wortes eine *„Bat Hajam"*, eine „Tochter des Meeres sei. Nur die Angabe ihres Geburtsortes in ihren Dokumenten gestaltete sich etwas schwierig (Place of Birth: „Ship *POSEIDON*, 10 Seamile South-East of Cyprus" oder so ähnlich).

Ich verdanke ihr eine tiefe Begegnung mit dem Judentum, mit Israel in all seiner Fülle und Tiefe, seiner Schönheit und seinen Widersprüchen, einfach viele bleibende, wertvolle Erkenntnisse und Einsichten in das Leben und die Welt, auch so irdische, praktische medizinische Tipps wie das Einnehmen von Iberogast bei Verdauungsbeschwerden, denn alle Reisenden in den Nahen Osten wissen es, einen Magen-Darm-Infekt kann man in Israel und den Nachbarländern schnell bekommen, und das in schweren Formen mit langwierigen Verläufen.

Auf unseren Gruppenreisen, die von meinem Freund Joel Bloch, dem Geschäftsführer von G&S travel Haifa optimal vorbereitet und begleitet wurden, war ich der „Rosch HaGvuza“ (wörtlich: der „Kopf der Gruppe“, der Gruppenleiter), eine Bezeichnung, die meinem Ego ordentlich schmeichelte und die mich sehr erfreute, wenn sie auf einem Schildchen auf den Tischen der Speisesäle der Hotels zusammen mit „Brenzel Group“ zu lesen war.

Schoschi war die lizenzierte Reiseführerin (Guide), die uns aus gesetzlichen, rechtlichen Gründen auf den Gruppenreisen begleiten musste. Sie teilte die Vouchers (Gutscheine für die Hotels, die Besuche der antiken und heiligen Stätten, der Naturparks etc.) aus und brachte uns auf ihre einmalige und lebendige Art, immer sehr gut vorbereitet, oft auf Hochschulniveau, anschaulich die Geschichte und Bedeutung der Orte, die wir besuchten, nahe.

Unvergesslich bleibt für mich eine Führung mit ihr über das Ausgrabungsgebiet von Bet Schean, südlich des Sees Genezareth, die für mich eine Sternstunde der Begegnung mit einem Ort der Antike und dessen wechselvollem Schicksal (durch ein verheerendes Erdbeben 749 n. Chr. endete die Geschichte der Stadt in einer Katastrophe) wurde. Steine und Säulen, die teilweise heute noch daliegen, wie sie damals umgestürzt sind, begannen zu sprechen und erinnerten an „all das Vergangene“ und das Wesen der Geschichte.

Ich bin Jahrgang 1953 und wurde in Gomaringen, in der Nähe von Reutlingen und Tübingen geboren Dort wuchs ich zusammen mit meinem älteren Bruder und unserer jüngeren Schwester in einem Bauern- und Arbeiterhaus auf.

Nach dem Abitur 1973 am Johannes-Kepler-Gymnasium in Reutlingen, dem Zivildienst in einem Kinderheim in Metzingen und dem Sprachenkolleg der Württembergischen Landeskirche in Stuttgart (Graecum und Latinum) studierte ich von 1975 bis 1981 Evangelische Theologie an der Eberhard Karls Universität Tübingen.

Es schlossen sich das Vikariat in Lichtenstein-Unterhausen und der Pfarrdienst in Bernloch (mit Meidelstetten und Oberstetten), in Schönaich und Oferdingen am Neckar an.

Seit 2017 lebe ich als Pfarrer i.R. in Pfullingen. Ich bin verheiratet und freue mich zusammen mit meiner Frau über drei erwachsene Kinder und drei Enkelkinder.

Zu diesem Werk

Im Folgenden gebe ich meine Reiseerzählung von 1993/1994 überarbeitet und kommentiert wieder.

Ich ergänze sie durch Exkurse zu den Themen „Herkunft", „Angst", „Handicap", „Frömmigkeit", „Israel", „Literatur" und „Das Wesen der Geschichte aus biblischer Sicht, Apokalyptik und Eschatologie".

Diese aktuellen Gedanken rücke ich im Schriftbild ein und verwende für sie eine andere *Schriftart*.

Zu meiner Verwendung des Namens GOTTES

Ich nenne GOTT *„JAHWE GOTT"* um deutlich zu machen, dass der EINE, der lebendige und höchste GOTT, der im Alten Orient EL genannt wurde, sich selbst Israel am Berg Sinai als „JAHWE" vorgestellt und geoffenbart hat.

Das Wort „JAHWE", das sogenannte Tetragramm „IHWH" (hebräisch Jota, He, Waw, He) kommt im Alten Testament über 6800 mal vor und steht im Gegensatz zu den Göttern anderer Völker.

Es wird in Israel im Laufe der Zeit zur Bezeichnung für GOTT überhaupt.

Die Aussprache wurde früh tabuisiert, schon deutlich vor Christi Geburt.

Für „JAHWE" wurde „ADONAI" = MEIN HERR" oder „HASHEM" = DER NAME" gesagt, und das gilt im Judentum und in Israel bis heute.

Seit dem 16. Jahrhundert war die falsche Aussprache „JEHOVA" allgemein üblich.

Die ursprüngliche Aussprache war wohl „JAHWÄ".

Ich erlaube mir, „JAHWE" zu sagen und zu schreiben.

Aber was bedeutet das Wort „JAHWE"?

Die Antwort ist umstritten. Die Wurzel „YWH" von „HWH" („HAWAH") könnte auf „ER WEHT" hindeuten. Von „HIH" („HAJAH") liegt „ER IST" oder „ER RUFT INS DASEIN" nahe, möglich ist auch die Übersetzung „ER SCHAFFT", „ER LÄSST WERDEN".

Zum Ganzen verweise ich auf „GESENIUS HEBRÄISCHES UND ARAMÄISCHES HANDWÖRTERBUCH ÜBER DAS ALTE TESTAMENT, 18. AUFLAGE GESAMTAUSGABE, Springer Heidelberg Dordrecht London New York.

In dankbarem Gedenken an den Tübinger Alttestamentler Hans-Peter Rüger und tiefgründige Studien in hebräischen und aramäischen Texten bei ihm gebe ich hier noch seine

Deutung, die er im Rahmen einer Vorlesung weitergegeben hat, wieder:

Er lehrte uns: „Das Wort JAHWE kann mit ER IST, ABER WAS ER IST WIRD SICH ERST NOCH ERWEISEN wiedergegeben werden.“ Wir dürfen also gespannt sein.

Deutlich wird in der Überlieferung der Sinaioffenbarung im Buch Exodus: „JAHWE“ ist der Name unter dem sich GOTT Israel geoffenbart hat.

Als „JAHWE“ stellt sich GOTT Israel selber vor in Seiner Personalität und Seiner Exklusivität.

ER ist das größte und höchste „ICH“ und ER spricht Israel zu „Du bist Mein Du“. Denn JAHWE GOTT will ein Verhältnis zu Seinem auserwählten Volk, ein „ICH-DU-Verhältnis“, eine ewige Beziehung.

In diesem Sinne ist Israel das „auserwählte Volk“.

Es soll die Beziehung zu JAHWE pflegen und vor der Welt von IHM Zeugnis ablegen.

Wenn wir die biblische Überlieferung von Mose bis zur Offenbarung des Johannes trotz bedeutender Brüche und zahlreicher Entwicklungen als *ein* lebendiges, dynamisches Ganzes verstehen, dann erkennen wir:

In JESUS CHRISTUS setzt sich diese Offenbarung GOTTES fort und erreicht ihren Höhepunkt und ihr Ende: JAHWE GOTT will ein Verhältnis zu jedem einzelnen Menschen, ein „ICH-DU-Verhältnis“.

Das ist der Sinn des Evangeliums, der Guten bzw. Frohen Botschaft, und darum sollen wir Christen Zeugen sein von Gottes Kommen in diese Welt und wir haben den Auftrag und die Aufgabe, trotz schrecklicher Fehler im Laufe der Kirchengeschichte zu „missionieren“ im Sinne von einladen und verkündigen.

Wir haben eine Mission, eine Sendung und der Kern ihrer Botschaft lautet: „Du bist geliebt. Von JAHWE GOTT geliebt, erlöst und gerettet in JESUS CHRISTUS. ER schenkt dir Seinen HEILIGEN GEIST, begleitet dich durch dein Leben und wird dich vollenden in Seiner Herrlichkeit.“

Meine persönlichen Erfahrungen auf dem belasteten und umstrittenen Gebiet „Missionieren“ mit Shoshi waren: Sie hat mir klar zu verstehen gegeben, dieses Thema ihr gegenüber nie anzusprechen. Ansonsten wäre es mit unserer Zusammenarbeit und Freundschaft vorbei.

Nachdem diese Botschaft bei mir angekommen war und ich sie akzeptiert hatte, hat sich vieles zwischen uns entspannt und nach einiger Zeit habe ich mich darüber gewundert, dass sie selber das Thema „christlicher Glaube“ immer wieder thematisiert hat. Sie nahm freiwillig, aus ihrer eigenen Entscheidung an unseren Andachten und biblischen Impulsen teil und in einer „brenzligen“ Situation, als uns ein lautstarker politischer Aufstand arabischer Bewohner der Altstadt von Jerusalem in das österreichische Hospiz fliehen ließ, erzählte sie mir, dass die Ruhe und friedvolle Ausstrahlung dieses Ortes mitten in den engverwinkelten Bazarstraßen von Jerusalem ihr so gut tun würden. Auch Kirchenkonzerte bei Abu Gosh besuchte sie sehr gerne.

Als wir einmal mit einer Gruppe unterwegs waren erklärte ich ihr während der Busfahrt: „Weißt du, Shoshi, der Apostel Paulus hat gemeint, dass wir Christen durch die Verbundenheit mit unserem HERRN so liebevolle und freundliche Menschen sein würden, dass ihr Juden geradezu neidisch auf uns werden würdet und euch fragen würdet, von welcher Kraftquelle unser neues Verhalten kommen würde." Ihre prompte, unmissverständliche Antwort war: „Das habt ihr euch gründlich vermasselt."

So viel zu diesem Thema. Festzuhalten bleibt: Zu „JAHWE GOTT" dürfen wir beide, Juden und Christen „ABBA" bzw. „AWINU" (unser VATER) sagen.

„ABBA" ist eine sehr alte, besonders ursprüngliche, aramäische Gebetsanrede an GOTT in der Form der Sprache von Kleinkindern. Sie ist weit über 2000 Jahre alt und wurde zunächst einfach in der Familie verwendet und bedeutet, was unschwer zu erraten ist: „PAPA".

Jesus hat dieses Wort häufig als seine Anrede an JAHWE GOTT verwendet.

Zum Kontext dieses Buches

Vom 29. Mai bis 13. Juni 1993 unternahm ich meine achte Reise nach Israel (insgesamt wurden es im Laufe der Jahre 19, sieben davon als Leiter von Gruppen).

Im Rahmen der Reiseerzählung öffne ich mein Herz, mein geistiges Zentrum und lasse die Leserinnen und Leser Anteil nehmen an meiner Persönlichkeit, meinem Denken und Fühlen und meiner Glaubens- und Lebenshaltung.

Neben dem Ziel, Israel als *auserwähltes Volk* GOTTES, DES HERRN (JAHWE), als das Volk der Juden, Israel als das schöne *Land* (Ha Arez Hatova), den *Staat* und die meta- bzw. hyperhistorische *Gemeinschaft*, möglichst vielen nahezubringen und die besondere Bedeutung Israels für die Völker zu verdeutlichen, will ich mit dieser Reiseerzählung vor allem bezeugen: ER (JAHWE GOTT) ist.

Es lebt und wirkt der *eine* GOTT.

ER, der EWIGE, der sich kundtut durch die HEILIGE SCHRIFT, hat Israel erwählt und ist in JESUS von Nazareth Fleisch (Mensch) geworden.

Ich schreibe dieses Buch unter dem Eindruck des schrecklichen Terrorüberfalls der islamistischen Terrororganisation Hamas auf den Süden Israels am 7. Oktober 2023 mit über 1200 Toten und unfassbaren Gräueltaten und der Verschleppung von weit über 100 Geiseln in den Gazastreifen und den dadurch ausgelösten Krieg Israels gegen die Hamas mit wahrscheinlich über 30.000 Opfern unter der palästinensischen Zivilbevölkerung.

Meine Anteilnahme gilt *allen* Betroffenen, den Menschen in Israel, im Gazastreifen, in den palästinensischen Autonomiegebieten, im Libanon, in Jordanien, Syrien und weltweit allen Leidenden, besonders den Kindern, Müttern, Vätern, Großeltern und Angehörigen unter der Zivilbevölkerung.

Die globalen Schrecken und Katastrophen im Bereich der *Schöpfung*, die Corona-Pandemie, der Klimawandel mit Dürren und Überschwemmungen, Erdbeben und im Bereich der *Geschichte* die politischen, wirtschaftlichen und sozialen Spannungen, Unsicherheiten und Nöte, die Kriege in der Ukraine, im Jemen, Gazastreifen und an anderen Orten legen es m.E. nahe, auch *apokalyptische* (offenbarende, d.h. das Ende der Welt enthüllende) und *eschatologische* (von den letzten Dingen redende) Überlieferungen der Bibel zu thematisieren.

Die Heilige Schrift bezeugt eindeutig und vielstimmig, dass diese Welt und die Menschheit auf dem Weg der Geschichte *„vorschreitet“*, hin auf ihr Telos, ihr Ziel und Ende: ihre Neuschöpfung aus der alten, vergänglichen Schöpfung heraus in eine neue, höhere, andere Schöpfung, in der Gerechtigkeit und Friede in der Wirklichkeit Gottes leben und sein werden.

Diese Verkündigung schenkt *Vertrauen* auf Gott, trotz allem unsagbaren und unfassbaren Leiden hier auf Erden und all den schrecklichen, Leben zerstörenden Abgründen menschlichen Verhaltens, trotz allem, was wir schwache Menschen nie verstehen können, sie macht *Mut* im alltäglichen Leben mit seinen oft belastenden und überfordernden Aufgaben und, was am wichtigsten ist, sie erfüllt uns mit der großen inneren Kraft der *Liebe*, die sich als dienende Hingabe an diese Welt zeigt und verwirklicht.

Zur Sprachform:

Ich bitte alle, sich angesprochen zu fühlen, Heteros, Homos und Diverse, gerade auch alle LGBTIQA+Personen. Wir alle sind *Menschen,* im Bilde GOTTES geschaffene Menschen und die HEILIGE SCHRIFT mit ihrer Verkündigung und ihrem Evangelium gilt uns allen, der ganzen Menschheit und Schöpfung. LOVE is the message and the message is LOVE. GOTT IST LIEBE.

Was uns verbindet ist wichtiger als was uns trennt und grundsätzlich gilt: „Leben und leben lassen."

Auf dieser Basis können wir wertschätzend und offen miteinander reden und kommunizieren, wir können uns Mühe geben, einander zu verstehen und wenn gewünscht, zu helfen und wir können uns abgrenzen und „Nein" sagen, wenn Gedanken und Taten unserer Mitmenschen gegen unsere eigenen Überzeugungen, Erkenntnisse, Wertvorstellungen und Ziele hier auf Erden sind. Wir können und müssen auch Kritik und Ablehnung uns und unseren Positionen gegenüber aushalten, annehmen und akzeptieren. Respektvoll geführte Streitgespräche können uns alle weiterbringen und keine und keiner hat die Weisheit und Wahrheit für sich gepachtet. Wir sind alle auf dem Weg und unser Erkennen ist Stückwerk.

Wir Menschen sind ein buntes, im wahrsten Sinne des Wortes *diverses* Völkchen.

Wir sind gleich und verschieden, das macht die Kommunikation untereinander und miteinander so interessant und spannend, manchmal auch anstrengend und belastend und, wenn sie gelingen darf, so wohltuend, erfüllend, erleichternd, beglückend und gewinnbringend.

Anmerkungen

Zitate aus der Bibel sind meine Übersetzungen des hebräischen und altgriechischen Textes. Die Grundlagen für diese Übersetzungen sind für das Alte Testament „BIBLIA HEBRAICA STUTTGARTENSIA, 1968/77,1984 Deutsche Bibelgesellschaft Stuttgart (GENESIS bis CHRONICA) und für das Neue Testament „Nestle-Aland NOVUM TESTAMENTUM GRAECE, 28. Auflage 2012, Deutsche Bibelgesellschaft Stuttgart, 2. korrigierter Druck 2013 (DAS EVANGELIUM NACH MATTHÄUS bis DIE OFFENBARUNG (APOKALYPSE) DES JOHANNES“.

Pfullingen, November 2024
J.-S. Esch

Tag 1: Von Hohenstein nach Herzliya

Die Sonne war auf der Schwäbischen Alb untergegangen. Ein neuer Tag begann, es war Samstag, der 29. Mai 1993. Wie in der Bibel überliefert und von Israel und dem Judentum praktiziert war der Anfang eines jeden Tages für mich am Abend seines Vorgängers, unmittelbar nach Sonnenuntergang, in die Nacht hinein, an deren Himmel mindestens drei Sterne sichtbar waren und dann durch die Nacht hindurch, die im mythisch-tiefen Verständnis der Bereich des Chaos, der Unordnung und des Nicht-Erkennens ist, hinein in den Morgen, den Aufgang der Sonne, den Sieg des Lichtes über die Finsternis, der Möglichkeit zu erkennen um dann wieder in weitem Bogen am Abend mit dem Untergang der Sonne zu enden.

Am Beginn dieses neuen Tages, also am Samstagabend, hatte ich nicht viel zu tun. Alles war vorbereitet, der Koffer und das Handgepäck standen griffbereit an der Wohnungstür, die vielfältigen Regelungen und Absprachen im Blick auf Pfarramt, Familie und Reise waren getätigt, es konnte losgehen, meine achte Reise nach Israel konnte beginnen.

Etwas unsicher saß ich auf einem kleinen Hocker im Bad und sah meiner Frau zu, wie sie unsere Kinder in der Badewanne wusch. Eine Frage schlich sich mir zum wiederholten Male ein: War es richtig, sie mit dieser großen Aufgabe für 14 Tage allein zu lassen? Unsere Kinder waren acht, sechs und zwei Jahre alt und schenkten uns unbeschreiblich viel Freude und Erfüllungen und sie waren eben ganz normale kleine Menschen, die anstrengend sein konnten, wie ihre Eltern auch. Von solch recht bedrückenden, selbstkritischen Gedanken erfüllt, lenkte ich mich ab und half beim Vorbereiten der Kinder auf das Zubettgehen ein wenig mit. Mein Herz wurde dabei erfüllt von tiefer Freude und Dankbarkeit. Welch ein

Geschenk waren Kinder für ihre Eltern, welch ein kostbarer Wert wurde uns mit ihnen anvertraut und wie überlegt und liebevoll hatten wir mit ihnen, ihrem einzigartigen Leben und Dasein umzugehen.

Nach dem Baderitual gingen wir ins Wohnzimmer und warten auf meinen Vater, der mich nach Reutlingen zum Hauptbahnhof fahren würde. Von dort wollte ich meine Reise mit Zug und Flugzeug fortsetzen. Die Zeit bis zu seinem Kommen nützte ich dazu, die ganze Familie um mich zum Gebet zu versammeln. Nachdem eine gewisse Ruhe eingekehrt war betete ich sinngemäß: „Vater im Himmel, danke, dass jetzt meine Reise nach Israel beginnen darf. Bitte sei du bei mir und lass mich wieder gut heimkommen. Und bitte sei du bei meiner Frau und den Kindern und behüte und bewahre sie. Amen."

Gegen 21 Uhr kam mein Vater aus Gomaringen zu uns, pünktlich, wie verabredet. Da wir noch etwas Zeit hatten, setzten wir uns noch kurz ins Wohnzimmer. In den Monaten und Wochen vor meiner Abreise hatte ich mit ihm und meiner Patentante, unserer „Dote" so manches heftige Streitgespräch über mein Vorhaben geführt und dabei erkannt, dass sie es einfach nicht verstehen konnten, dass ich zum wiederholten Male nach Israel reisen wollte, und das, obwohl die politische Situation mit dem seit Langem bestehenden, oft gewalttätigen Konflikt zwischen Israel und den Palästinensern durch Fernsehen und Zeitung immer wieder schockierend geschildert wurde und obwohl ich Frau und Kinder hatte, denen nach ihrer Meinung meine allererste Sorge und Verantwortung zu gelten hatte.

Exkurs „Herkunft“

Vater, Mutter und Dote (Patentante)

Unser Vater wurde 1927 als Kind einfacher, fleißiger, anständiger und frommer Eltern geboren und wuchs mitten hinein in die barbarische Nazi-Diktatur. Bei seiner Einschulung lernte er den „deutschen“ Gruß anstelle von „Guten Morgen Herr Lehrer“ und in jungen Jahren war er mit der Hitlerjugend beim Segelfliegen, einer paramilitärischen Vorbereitung auf den nächsten Krieg. Denn er und seine Altersgenossen sollten ja „schnell wie Windhunde, zäh wie Leder und hart wie Krupp-Stahl“ werden.

Im Alter von 17 Jahren kam er 1944 an die Ostfront nach Polen und nur eine schwere Erkrankung an Diphterie rettete ihm das Leben. Nach der Behandlung und Genesung in einem Lazarett in Leipzig schlug er sich mit einigen Gleichgesinnten Richtung Südwesten in die Heimat im Schwabenland durch.

Nach dem Krieg erlernte er den Beruf des Elektromonteurs und heiratete unsere Mutter, die zusammen mit ihrer Mutter und ihrer Schwester in einem stattlichen Bauernhaus wohnten, in das er mit einzog. Er brachte seine ganze Arbeitskraft in diese seine Lebensaufgabe ein und für ihn galt das wahre Wort „Die Schwaben sind Menschen mit hellen Köpfen und geschickten Händen.“

Ich denke jetzt im Alter voll Liebe und Dankbarkeit an unseren Vater, unsere Mutter und unsere Dote. Sie waren fleißige, fromme Leute, sparsam und ehrlich, erfüllt von der Sorge um uns Kinder, meinen älteren Bruder, unsere jüngere Schwester und mich, und geprägt von der vielen Arbeit in Haus und Hof, in der Landwirtschaft mit dem Vieh im Stall, dem großen Garten und den Wiesen und Äckern.

Unsere Mutter kümmerte sich um den Haushalt, unser Vater arbeitete bei der EVS (dem Vorgänger von ENBW) und unsere Dote in der Textilbranche als Direktrice.

Welche Persönlichkeiten und Prägungen trafen bei den dreien aufeinander?

Auch bei ihnen galt eine Grunderkenntnis der Psychologie, dass „Menschen, die miteinander zu schaffen haben, sich zu schaffen machen".

Und sie hatten miteinander zu schaffen, im wahrsten Sinne des Wortes, auf engstem Raum, in Haus und Hof, im Garten auf Äckern, Wiesen und Feldern.

Die Älteste war unsere Dote, Jahrgang 1921, leistungsstark und hilfsbereit, in manchen Bereichen dominant und tief im Herzen unglücklich, weil der Mann, den sie liebte, eine andere genommen hatte. Das Thema Ehe war für sie damit erledigt, aber im Alter bereute sie sehr, nicht doch einen anderen Mann geheiratet zu haben. Möglichkeiten hätte es gegeben, denn sie war eine schöne, tüchtige Frau.

Für sie, unsere Mutter und unseren Vater traf zu, was für uns alle gilt: Wir Menschen gleichen Eisbergen. Ein Achtel ist zu sehen, sieben Achtel sind nicht zu sehen, sie befinden sich unter der Meeresoberfläche, sie sind aber da, unbewusst und oft unbeherrschbar und sie prägen unser sichtbares Leben entscheidend mit.

Unsere liebe Mutter war Jahrgang 1925 und schon bei ihrer Geburt Halbwaise.

Ihr Vater, geboren in den 1880er Jahren, der ja auch der Vater unserer Dote war, hieß Jakob und kam aus Genkingen. In der Schule saß er auf dem zweiten Platz, denn man setzte die Kinder nach der „Gescheitheit“, er war also ein schlaues Kerlchen mit einem klugen Kopf.

Beim Transport von Holz von der Alb nach Tübingen verunglückte er, Mitte seiner 40er Jahre, tödlich. Er war betrunken vom Fuhrwerk gefallen und überrollt worden.

So prägte die Erfahrung von schwerem Verlust, das Fehlen einer väterlichen Figur beide, unsere Mutter und ihre Schwester von ihrer frühesten Kindheit an.

Unsere Mutter hatte ein großes Herz, sie war eine große Seele, leidenschaftlich und mitfühlend. Sie war mit Schmerz und Krankheit vertraut und fühlte sich oft minderwertig, obwohl dafür kein Grund bestand. Denn sie war fleißig und führte den Haushalt, Garten und Hof einwandfrei. Und sie war eine ausgezeichnete Köchin und Bäckerin. Wir wurden verwöhnt und es hat so gut geschmeckt, gerochen und geduftet.

Jeden Morgen musste sie das Vieh füttern, ausmisten und die Wohnung in Ordnung bringen. Ihre vier Jahre ältere Schwester war Näherin, auch daheim wurde so manches schöne Kleid geschneidert und es gab viele Stoffreste, Fäden und Überbleibsel der Arbeit vom vergangenen Abend, die dann die jüngere Schwester aufräumen durfte.

Ein herausragendes Beispiel für die Empathie unserer Mutter war, dass sie 1944, als 19-Jährige, ohne Absprache mit den weiteren Familienmitgliedern eine junge Frau mit ins Haus brachte, die von Pforzheim in eine sicherere Gegend evakuiert worden war. Pforzheim wurde durch die Alliierten stark bombardiert, unter anderem mit schrecklichen Napalmbomben.

Unsere spätere Tante Alwine gehörte zu den Menschen, die mit Bussen aus der Stadt aufs Land gefahren wurden – natürlich nur bis zum Endsieg, an dem es keinen Zweifel gab und den man nicht infrage stellen durfte. Sie war Mitte 20 und schwanger und hat bei uns daheim in Gomaringen ihren Sohn Dieter geboren. Ihr Mann, unserer späterer Onkel Otto, kam in russische Kriegsgefangenschaft und überlebte diese wie durch ein Wunder. In den 1960er und 1970er Jahren besuchte uns die Familie oft und blieb einige Tage. Das war ein Highlight für die ganze Familie und eine Art Weiterbildung im sozialen Verhalten für uns.

Das einzig Unfassbare für unseren Vater, der ein überzeugter CDU-Wähler war, bestand darin, dass Onkel Otto SPDler war. Er konnte es kaum fassen und war sehr verwundert, dass man freundlich, intelligent und sympathisch sein konnte, obwohl man die Sozis wählte.

Die Mutter unserer Mutter und ihrer Schwester, unsere liebe Oma Marie, hatte mehr als genug zu tun in Haus und Hof, Garten und Landwirtschaft. Wie ein Mann musste sie mit dem Pferd pflügen und schwere körperliche Arbeit verrichten. In ihren 30er Jahren war sie Witwe geworden und kaum 60jährig starb sie an einer schrecklichen Krebserkrankung qualvoll unter unsagbaren Schmerzen.

All diese Erfahrungen und Erlebnisse prägten auch uns Kinder, direkt und indirekt.

Doch neben dem Schweren und Bedrückenden erlebten wir auch das Schöne und Gute, das Wohltuende: Die kleinen Tiere, Küken und Häschen, neugeborene Kätzchen im obersten Stock der Bühne versteckt, Kälbchen, Schwalbennester an der Scheu-

nendecke mit den aufgesperrten Schnäbelchen der Jungen, dem Füttern der Elterntiere und deren Kunstflüge.

Wir durften viel draußen spielen in der wunderbaren Schöpfung im Gras oder Sand im großen Garten mit seinen alten Bäumen, die solch eine Ausstrahlung hatten und unseren Seelen guttaten.

Jeden Tag gab es gute Hausmannskost zu essen und die drei Erwachsenen sorgten liebevoll für uns. Wir waren immer sauber gewaschen und schön angezogen und wurden mit einem Gebet zu Bett gebracht.

So haben wir Geborgenheit und Sicherheit erlebt, mitten in Streit und Überforderungen, Arbeit, Sorgen und Frustrationen.

Wenn ich als 70jähriger zurückdenke, dann hat mich besonders das Durchhaltevermögen unserer Eltern und unserer Dote, trotz eines chronischen, nicht zu lösenden Konfliktes miteinander, beeindruckt..

Ich bewundere ihr Ja zum Weitermachen trotz aller widriger Umstände, das Aushalten der Situation, vielleicht in resignativer Akzeptanz.

Warum haben sie sich dafür entschieden? Ich denke es war die Verantwortung für das überkommene Erbe, das stattliche Bauernhaus (8 mal auf 16 Meter Grundriss) mit seinem Garten und der recht großen Landwirtschaft.

Und es war in den 60er Jahren des vergangenen Jahrhunderts auch der soziale, dörfliche Druck „Was würden auch die Leute sagen, wenn wir …“

Vor allem aber war es die Verantwortung für uns Kinder, ihre Nachkommen.

Sie wollten uns einen guten Start ins Leben ermöglichen und sie hofften, dass es uns besser gehen würde als ihnen.

Mein Vater sagte oft zu mir als ich ein Schulkind war und beim Frühstück saß: „Lern etwas, dann musst du einmal keinen Blauanzug anziehen." Denn mit genau solch einem, einer Arbeitshose mit Oberteil, ging er jeden Morgen zur EVS.

Wie gesagt: Wir wurden liebevoll und streng erzogen, es gab auch Schläge, besonders für mich, den Dickkopf und Eigensinnigen, der sie immer wieder zur Weißglut bringen konnte.

Fleiß und Frömmigkeit, Ehrlichkeit und Hilfsbereitschaft, Höflichkeit und Anstand waren unseren Eltern und unserer Dote besonders wichtig.

Dafür bin ich ihnen mein Leben lang dankbar. Und dafür, dass sie gläubig, aber nicht bigott waren.

Doch nun zurück zu jenem Samstagabend am 29. Mai 1993.

Mein Vater trug meinen Koffer zum Auto und ich verabschiedete mich herzlich von meiner Frau und unseren Kindern. Besonders meine Frau bat ich durch einen innigen Blick um Verständnis.

Recht schweigsam fuhren wir nach Reutlingen, vor meinem inneren Auge tauchten Bilder und Impulse auf, die ich ein Jahr zuvor während einer Gruppenreise unter meiner Leitung nach Israel erhalten hatte. Es war unmittelbar nach der Ankunft gewesen: Wir fuhren mit einem modernen Reisebus bei Nacht vom Flughafen Ben Gurion Richtung Tel Aviv, draußen war es kalt, es war März und hatte in den Wochen davor in Israel sintflutartig geregnet. Nichts an der Situation war besonders einladend oder schön und doch durchfuhr mich der Gedanke: Warum fährst du nur alle drei Jahre mit Gruppen nach Israel, warum nicht öfter, du weißt es doch ganz genau: Hier gehörst du hin, hier bist du am glücklichsten.

Damals beschloss ich auf der Stelle: In Zukunft reise ich mindestens einmal im Jahr nach Israel. Warum sollte ich auf das verzichten, das im Innersten meines Denkens, Fühlens und Seins die Erfüllung für mich war.

Nach der Verabschiedung am Hauptbahnhof in Reutlingen mit guten Wünschen und einem Geldschein für ein gutes Essen vonseiten meines Vaters saß ich allein in der Wartehalle. Für einen Augenblick beschlich mich die Angst. Ich war allein, was konnte mir nicht alles passieren, was konnten kriminelle, gewalttätige Menschen mir nicht alles antun?

Aber ich dachte schnell daran, dass ich in Wahrheit nicht allein war, dass Gott bei mir war und erinnerte mich an eine Erkenntnis der Tiefenpsychologie, dass die größte Gefahr für einen Menschen nicht von außen kommt, sondern von innen. Das galt ja auch für mich.

Exkurs „Angst"

Ich leide seit meiner frühen Kindheit an einer Angststörung, dadurch gehört das Thema „Angst" zu meinen zentralen Lebenserfahrungen.

Mit meinem heutigen Wissen denke ich, dass eine Art paranoide Psychose zu meinem Leben gehört.

Im Alter von etwa 16 Jahren z.B. war ich davon überzeugt, dass ich bald, sehr bald sterben würde und dass sich große Investitionen und Anschaffungen Richtung Zukunft deshalb für mich überhaupt nicht lohnen würden.

Wie kam es zu dieser (Todes-)Angsterkrankung bei mir?

Es hängt wohl damit zusammen, dass ich im Alter von kaum zwei Jahren eine beidseitige Mittelohrentzündung bekam und in Tübingen an beiden Ohren operiert werden musste. Der Arzt sagte meiner Mutter, dass er nicht garantieren könne, dass das Gehör gerettet werden könne.

Gut sechs Wochen war ich in der Klinik als Kleinkind von meiner Mutter getrennt, erlebte körperliche Schmerzen und eine sehr tiefe Verlassenheitserfahrung. Das alles konnte ich mit kaum 2 Jahren nicht einordnen oder begreifen.

Ich wurde wohl traumatisiert und in der Folge ein sehr ängstliches Kind, das seine Mutter nie mehr verlassen wollte und immer an ihrem Rockzipfel hing. Schwäbisch sagte man dazu „a Mamasuggale".

Wer hat mir geholfen in dieser Not, die mich mein Leben lang mehr oder weniger stark begleitete?

Ich denke es war eine Mischung aus Glauben, Lesen in der Bibel, Gebet, Fürbitten (auch Segnungen und Salbung), Medikamenten (zunächst pflanzliche später chemische), meinem starken Lebenswille, große Libido, sexuellen Erlebnissen, Liebe durch andere Menschen, Bildung und Horizonterweiterung durch Begegnungen, Gespräche, Bücher, Filme, kurz gesagt: Gottes Bewahrung und Resilienz.

Beim Thema „Autoaktivität" war und bin ich vorne mit dabei.

Aber am wichtigsten aus meiner Sicht ist: ER, JAHWE GOTT, hat mir bisher durchgeholfen, mich durchgetragen und bewahrt, gerade auch in Situationen, in denen es eng, sehr eng für mich wurde.

Ich schreibe hier einige Gedanken zum Thema „Suizid", zur Selbsttötung.

Im Alter von ca. 14 Jahren dachte ich zum ersten Mal darüber nach, nicht unbedingt in dem Sinn, dass ich es selber tun wollte, sondern mehr objektiv, sachlich, einfach über diese Tat, durch die Menschen ihrem eigenen Leben ein Ende setzen.

Gedanklich hat mich das Thema ein Leben lang beschäftigt und in einigen psychosomatischen Notsituationen war es mir drängend nahe.

Bisher konnte ich die Stimmen in meinem Inneren, die Leben zerstörenden Mitspieler, auf ihre Plätze verweisen und durch Medikamente und Gebet, Gespräche mit Seelsorgern und Fachmenschen auf dem Gebiet der Psyche, Linderung erreichen und immer wieder „trotzdem Ja zum Leben sagen" und gerne weiterleben.

Als Pfarrer habe ich psychisch kranke Menschen begleitet, die, die sich suizidiert haben.

Ich habe sie beerdigt und am Leid der Angehörigen Anteil genommen.

Es gehört sicher zum Schlimmsten, was einem hier auf Erden widerfahren kann, als Betroffene, als Eltern, Geschwister, Freunde und nahe Verwandte solch einen Verlust zu erleben und zu erleiden.

Aus meiner eigenen Erfahrung habe ich volles Verständnis für alle, die sich mit dem Thema „Suizid“ beschäftigen und ich wünsche ihnen, eine Hilfe für sich zu finden, die sie davon abhält und ihnen den Mut für jeden einzelnen Tag schenkt.

Die Telefonseelsorge, die Hausärztin oder der Hausarzt, Seelsorgerinnen und Seelsorger, Psychotherapeutinnen und Psychotherapeuten und Psychiaterinnen und Psychiater und andere vertrauenswürdige Menschen sind sicher gute Ansprechpartnerinnen und Ansprechpartner.

Gott sei Dank gibt es Hilfe und Linderung durch Gespräche, Bewegung und Medikamente.

Es ist keine Schande an einer psychischen Krankheit zu leiden und in existenzielle Not zu geraten.

Für alle Menschen, die sich suizidiert haben oder dies tun, gilt, sie fallen, wie wir alle, in Gottes barmherzige Hände. ER, nur ER kennt uns wirklich, die Dimensionen unseres „Eisberges“ mit den bewussten und unbewussten Anteilen unserer Persönlichkeit und ER, nur ER JAHWE GOTT, wird das letzte Wort über uns sprechen. Wir sind Geliebte, es wird ein Wort der Liebe sein.

Während der Wartezeit in der Halle des Reutlinger Hauptbahnhofes, die im Bereich „positive Ausstrahlung des Ortes“ noch kräftig Luft nach oben hat, ignorierte ich geflissentlich den Konflikt zweier Männer, die diesen lautstark auf dem Weg zu Gleisen austrugen bei dem es wohl um Geld ging, das der eine dem anderen schuldete, und versuchte, eine Entspannungsübung frei nach Jacobson zu machen.

Zunächst atmete ich einige Male ruhig durch, dann presste ich die rechte Hand zu einer Faust, zählte vier Atemzüge lang, danach öffnete ich die Faust und spürte die wohltuende Erleichterung und das Fließen des Blutes. Diese Übung wiederholte ich mit der linken Hand, den Armen, der Stirn, den Lippen, den Kiefern, dem Nacken und dem Hals. Auch der Bauch, die Zehen und Fersen, die gesamte Beinmuskulatur und der Hintern wurden so angespannt und wieder entspannt.

Der Sinn dieser Übung bestand darin, überhaupt wieder ein Gefühl für Entspannung zu bekommen, wenn man meist unbewusst und unbemerkt in einem Dauerzustand der Abspannung im Leben unterwegs war.

Endlich kam der Zug, ich schleppte den Koffer und das Handgepäck in Abteil und setzte mich. Über Plochingen ging es mit dem Nachtzug nach München. Vierzehn Tage lagen vor mir, ich hatte nichts zu tun als zu reisen, zu ruhen, zu schauen und zu reden. Ein Glücksgefühl durchströmte mich, zwei Wochen keine Termine, keine Gottesdienste vorzubereiten und zu leiten, kein Religionsunterricht und kein Konfirmandenunterricht, einfach keine Dienste im Pfarramt und keine Beerdigungen.

Seit Jahren war mein geistliches Lebensmotto „zuerst nach dem Reich Gottes zu trachten" (Matthäus 6,33).

Dieses *„zuerst"* bedeutete für mich, *vor* allen anderen Tätigkeiten in der Bibel zu lesen und zu beten.

Es ging um meine Prioritäten. Im Rahmen des Theologiestudiums hatte ich das biblische Hebräisch erlernt und es war und ist für mich von großer Bedeutung, die Überlieferungen des sogenannten Alten Testamentes in ihrer Ursprache zu lesen und zu übersetzen. Das Gleiche galt und gilt für die Texte des Neuen Testamentes im Altgriechischen.

Exkurs „Frömmigkeit"

Bis heute begleitet mich ein wunderbare Morgenritus:

Ich lese Texte des Alten Testamentes auf Hebräisch und Texte des Neuen Testamentes auf Altgriechisch. Es gehört, wie gesagt, zu den größten Geschenken meines Lebens, dass ich die Sprachen der Bibel erlernen durfte.

Ich habe sie ein Leben lang gepflegt und studiert.

Welch ein Reichtum und Geschenk ist es für den inneren Menschen, mit den so fremden und doch so lebendigen, so fernen und doch so ermutigenden Worten der Heiligen Schrift den Tag beginnen zu dürfen und von ihnen geprägt, gestärkt und inspiriert in den Tag zu gehen.

Meine geistliche Prägung, mein Studium und die Frucht meines lebenslangen „eifrigen Bemühens" („Studierens") um das rechte Verständnis der Bibel und der biblischen Theologie

Im Elternhaus wurde ich vom schwäbischen Pietismus mit seiner innigen, ernsten, starken Frömmigkeit geprägt.

Die Art, wie wir die Glaubensbeziehung zu Gott, Jesus und dem Heiligen Geist auslebten, war für mein Empfinden genau richtig, weder bigott noch beliebig.

Das Tischgebet war selbstverständlich auch das geistliche Ritual beim Zubettgehen („Müde bin ich, geh zur Ruh"). Hinzu kam der Besuch der Kinderkirche und später des Gottesdienstes und der Jungschar (dort lernten wir, bei allem Spiel und Spaß, so wunderbare Glaubenslieder wie „Herr, lass deine Fahnen wehen, einmal noch in unserm Land" oder das tröstliche, er-

mutigende „Abend ward, bald kommt die Nacht". Dafür bin ich mein Leben lang dankbar).

Der örtliche CVJM war meine „peer group", die Gruppe in der ich Nähe und Gemeinschaft fand.

In sie hinein gehörte die Mitarbeit als Jungscharleiter, wunderbare, wertvolle Freizeiten mit tiefgründigen Bibelarbeiten, Mitarbeiterschulungen, Gebetsgemeinschaften und das Angebot des seelsorgerlichen Gespräches und der Ermutigung zur regelmäßigen Praxis einer stillen Zeit im privaten Bereich.

Jetzt im Alter bete ich morgens vor dem Aufstehen kindlich, was unsere Mutter mit uns vor dem Verlassen des Hauses Richtung Schule gebetet hat: „Vom Schlaf bin ich gesund erwacht, dir, lieber Gott sei Dank gebracht" und „Jeden Schritt und jeden Tritt, geh, du lieber Heiland mit, gehe mit mir ein und aus, führe du mich selbst nach Haus. Amen"

Ich denke sehr dankbar zurück an jene Zeit, an die pietistischen Schwestern und Brüder und ihre starken Impulse und bin immer noch beeindruckt von der Ernsthaftigkeit ihres Glaubens und ihrer Hingabe.

Sie wollten wirklich auf die Bibel hören und mit Jesus leben.

Natürlich gehörten zu dieser Frömmigkeit auch ungünstige, verletzende und gefährliche Elemente: z.B. das absolute Wörtlich-Nehmen der biblischen Texte, der Biblizismus, der zu unguten, das Evangelium überdeckenden Einstellungen und Forderungen führte.

Da ging es darum, dass es Frauen verboten war, Hosen zu tragen und sich die Haare kurz schneiden zu lassen.

Es ging darum, dass es Männern verboten war, lange Haare zu tragen und vieles mehr.

Im Grunde ging es nur um Äußerlichkeiten, die aber die Freiheit und Schönheit des Evangeliums leider beschädigten und oft zerstörten.

Auch im politischen Bereich wurden wir klar konservativ beeinflusst und es wurde uns deutlich gesagt, welche Partei wir zu wählen hätten.

Hinzu kamen die Jahre um und nach 1968 mit ihrem wilden, verantwortungslosen Verhalten auf sexuellem Gebiet und ihrer radikalen Kritik der Autoritäten („Der Muff von tausend Jahren unter den Talaren.").

Das waren wirklich schwere, herausfordernde Zeiten für die Älteren, für unsere Leiterinnen und Leiter.

Zu uns Jugendlichen gehörten „lange Haare und kurze Röcke" und wir waren mehr oder weniger beeinflusst vom Geist der 68er.

Unsere geistlichen Leiterinnen und Leiter sahen sich in der Verantwortung, uns Gottes Willen zu verkündigen und uns zu entschiedenen, echten Nachfolgerinnen und Nachfolgern Jesu zu erziehen, zu erlösten, heiligen Mitarbeiterinnen und Mitarbeitern im Reich Gottes.

Hinzu kam der Bereich der Theologie und die Frage, wie die Bibel (wirklich) zu verstehen sei.

Rudolf Bultmann und seine sogenannte „Entmythologisierung" der biblischen Texte wurde entschieden abgelehnt.

Denn er lehrte ja, dass alles Mythische, Wunderbare, Übernatürliche in der Bibel auf antiken religiösen Vorstellungen beruhte, die in unserer heutigen, modernen Welt und Zeit keine Bedeutung mehr hätten.

Am Ende blieb bei dieser „rationalen" Theologie nur noch der Verweis auf das „Kerygma", die „Botschaft", die den Menschen in seiner persönlichen Lebenswelt „existenziell" treffen wollte und konnte.

Texte der Bibel wie z.B. die Berichte von der Jungfrauengeburt, Wundergeschichten oder die Verkündigungen der Wiederkunft des Herrn (die Parusie) waren aus dieser Sicht vom Mythos bestimmt und heute nicht mehr relevant, dem modernen Menschen nicht zumutbar.

In dieser Spannung zwischen persönlicher, örtlicher Frömmigkeit und der sogenannten „historisch-kritischen Methode" zum Verständnis der Bibel wuchs ich heran.

Ich spürte, dass es für mich, bei aller Prägung und allem Segen durch den Pietismus noch eine andere Art des wissenschaftlichen Verständnisses und der Auslegung der Bibel geben würde, ja geben müsste.

Dieses Verständnis fand ich bei so herausragenden Gelehrten und Theologen wie dem Alttestamentler Hartmut Gese, dem Systematiker Eberhard Jüngel und vielen anderen mehr.

Im Alter von etwa 20 Jahren sehnte ich mich, trotz und in meiner Lebens- und Todes-Angst, nach dem vollen Leben und der Liebe zu einer Frau, nach Freiheit und Abenteuer.

Die Welt war doch so groß und weit und so bunt.

Der Blick in die Schöpfung faszinierte mich, gerade auch der Blick in die Welt der Literatur, der Filme und des Fernsehens.

Ich war und bin hungrig nach dem Leben in all seiner Fülle.

In München fuhr ich mit der S-Bahn zum neuen Flughafen im Erdinger Moos. Die Flüge nach Israel wurden in einem weit entfernten Gebäude unter besonderen Sicherheitsvorkehrungen abgewickelt.

In der gläsernen Wartehalle erzählte mir eine ältere Dame, dass sie *einmal* in ihrem Leben nach Israel reisen musste, *einmal* wollte sie das Heilige Land sehen, bevor ihr Leben hier auf Erden endete. Deshalb hatte sie sich einer Reisegruppe angeschlossen.

Die Zeit bis zum Einchecken dauerte noch über eine Stunde und ich begann mit meiner täglichen Gebetsübung. Daheim praktizierte ich sie „im stillen Kämmerlein" auf einem Gebetsschemel sitzend, teilweise leise hörbar sprechend, hier im Geist, in Gedanken.

Zu Beginn betete ich: „Vater im Himmel, lehre mich beten. Herr Jesus Christus, lebe und regiere in mir. Heiliger Geist, erbarme dich meiner und aller Menschen." Danach betete ich still mit dem Ein- und Ausatmen, zunächst eine Viertelstunde lang „Abba", gefolgt vom Vaterunser auf Hebräisch, dann „Jeschua" (Jesus) und nach dem Vaterunser auf Altgriechisch „Ruach HaKodesch (Heiliger Geist).

Die letzte Viertelstunde bestand aus Dank, Bitte und Fürbitte und dem Lobpreis des dreieinen Gottes.

Schließlich öffnete ich die Augen und sah, dass es draußen heller geworden war und eine Anzahl von Reisenden sich in der Wartehalle eingefunden hatten.

Die Eingangshalle wurde geöffnet, mein Reisepass und das Flugticket geprüft und verschiedene Kontrollen aus Sicherheitsgründen durchgeführt.

Zu diesem Prozedere gehörte auch, dass zunächst ein Israeli mich nach dem Grund und Ziel meiner Reise nach Israel befragte und anschließend eine seiner Kolleginnen mich mit ähnlichen Fragen gegenprüfte.

Meinen Koffer und das Handgepäck musste ich vor deutschen Mitarbeitern öffnen und da es an deren Inhalt nichts zu beanstanden gab, ging ich schließlich an mit Maschinenpistolen bewaffneten Sicherheitsbeamten vorbei zur Gepäckaufgabe und in die Wartehalle unmittelbar vor dem Rollfeld.

Ich machte es mir auf einem Liegesessel bequem, wurde aber durch die beklemmende „Angst vor dem Fliegen“ stark gestresst.

Und das nicht ohne Grund. Denn einige Jahre zuvor, 1983, benötigte ich im Flugzeug, unmittelbar nach dem Start in Tel Aviv ärztliche Hilfe. Damals hatte sich mein gesamter Oberkörper verkrampft, ich bekam Atemnot, geriet in Panik und hatte Todesangst.

Nachdem ich mich an eine Flugbereiterin gewandt hatte kam auf ihre Frage über den Lautsprecher an alle Fluggäste „Is there a doctor on board?“ ein freundlicher, vertrauenerweckender Arzt mit seinem ledernen Köfferchen auf mich zu und erkundigte sich nach meinem Befinden.

Nachdem er gehört hatte, dass ich Nichtraucher sei, sagte er: „It’s just spastic. Take off your trousers, I will give you an injection.“

Ich kam seiner Aufforderung nach und er spitze mir ein Mittel, das die Verkrampfungen lösten. Mein Atmen normalisierte sich und die Panik klang recht schnell ab.

Den restlichen Teil des Fluges erlebte ich auf einer Liege in unmittelbarer Nähe des Cockpits.

Meine damalige Verlobte und spätere Frau saß verlassen in ihrem Sitz und machte sich ihre Gedanken darüber, wie das mit und uns wohl weitergehen würde, wenn es schon so begonnen hatte, denn wir waren auf unserer vorgezogenen Hochzeitsreise.

Eine solche Notsituation wollte ich auf keinen Fall noch einmal erleben.

Ich ging zu einem Arzt in Reutlingen und er verschrieb mir Bromazepam, ein Mittel, das er selber auf seinen Flugreisen auch benutzte und dieses durchaus umstrittene Psychopharmakon begleitete mich die nächsten Jahre und Jahrzehnte in besonders stressigen Situationen.

Nachdem ich eine Tablette eingenommen hatte, war ich sicher, dass ich während des Fluges keine extremen Muskelverkrampfungen und keine Tetanie bekommen würde.

Exkurs „Handicap"

Eine Tetanie, was ist das denn?

Im Alter von etwa 12 Jahren, um das Jahr 1965 erlebte und erlitt ich, wohl in Zusammenhang mit meiner Angststörung, meine erste, schwere Tetanie.

Ich war in den Tagen davor krank gewesen und hatte mich oft erbrechen müssen und die alltägliche, angespannte Lage im Elternhaus belastete auch uns Kinder.

Die chronischen Konflikte zwischen unserer Mutter und ihrer Schwester in die auch unser Vater mit hineinzogen wurde, äußerten sich in oft schrecklichen Ausbrüchen von Streit, Vorwürfen und gegenseitigen Abwertungen. Sie, unsere lieben, treusorgenden Eltern und unsere Patentante, die, jede Person für sich genommen, freundliche, rücksichtsvolle und anständige Menschen waren, waren einfach überfordert von der Nähe und zwischenmenschlichen Dynamik unter einem Dach, von den grundsätzlichen Fragen „Wer hat hier das Sagen?“ und „Wie sehr magst du mich?“

Wir Kinder erlebten diese, ihre Nöte und Konflikte mit und dies hinterließ sicher Spuren in unseren kindlichen Seelen.

Hinzu kam bei mir Kalziummangel und meine schon thematisierte Disposition für Angst- und Erregungszustände aus früher Kindheit.

Meine erste schwere Tetanie begann mit einem Kribbeln am ganzen Körper, auch im Gesichts- und Mundbereich, darauf folgte die typischen Pfötchenstellung der Hände und die starr ausgestreckten Füsse.

Mein ganzer Körper verkrampfte sich und ich konnte in furchtbarer Not nur noch zu unserer Mutter sagen: „Mama, ich muss sterben.“

Sie legte mich, steif wie ein Brett, auf den Küchentisch, rief den Doktor an und dieser gab mir eine erlösende und entkrampfende Spritze in den Hintern.

In den nächsten Tagen und Monaten gab es Frubiase Calcium aus Trinkampullen und später Hypercium perforatum (Tüpfel-Johanniskaut).

Etwa 10 schwere Tetanien habe ich in meinem weiteren Leben erlitten, jede sehr unangenehm und begleitet von Todesangst.

Trotz dieses Handicaps konnte ich das Abitur ablegen, Zivildienst in einem Kinderheim leisten, das Theologiestudium bewältigen und 35 Jahre und neun Monate als Gemeindepfarrer unzählige Dienste bewältigen.

Dafür bin ich von Herzen dankbar.

Mein Leben ist ein Beispiel dafür, dass JAHWE GOTT mit schwachen, angeschlagenen Menschen Sein Reich baut und ihnen immer wieder hindurch hilft.

Und was unsere Eltern und unsere Dote betrifft, überlagert in meinem Herzen seit Langem die Liebe und die Achtung ihnen gegenüber alles andere.

Ich bin, wie gesagt, beeindruckt davon, wie sie bereit waren, schwere Lebenslagen auszuhalten und aus ihnen das Beste zu machen. Sie haben ihre Verantwortung für das Haus und die Landwirtschaft und vor allem für uns Kinder eindeutig über ihr eigenes, persönliches Glück und Wohlergehen gestellt. Und immer wieder gab es ja auch schöne Zeiten, eine Art Waffenstillstand und erfreuliche Erlebnisse miteinander, die uns allen einfach guttaten.

Im meinem eigenen Leben kam etwas anderes dazu, für das niemand etwas konnte und für das niemand verantwortlich war:

Ich hatte und habe eine Suchtpersönlichkeit.

Konkret: Ich bin alkoholabhängig, vielleicht ein kleines genetisches Erbe unseres lieben Opas aus Genkingen.

Über 40 Jahre habe ich jeden Tag getrunken (gegen die Angst, zur Entspannung, zur Belohnung, aus purem Genuss, aus welchem Grund und mit welchem Ziel auch immer), zunächst recht wenig, am Ende täglich eine Flasche Wein und dazu Bier, Wodka, Whisky, Cognac, Gin, Kräuter und Co. Ich mochte fast alles.

Als es richtig schlimm war, habe ich kein Glas mehr gebraucht, die Flasche hat genügt, ich habe sie an den Lippen angesetzt und dann tiefe, tiefe Schlucke genommen.

Nach einigen Abstürzen und schweren Konflikten in Ehe und Familie half mir u.a. Daniel Schreiber mit seinem Buch „Nüchtern" zum völligen Verzicht auf alkoholische Getränke. Die Befreiung vom Trinken-Müssen seit Sommer 2021 ist für mich eines der größten Geschenke meines Lebens und ich bin Gott unendlich dankbar dafür.

Damals, 1993, wurden alle Ängste und Befürchtungen von meinem starken Willen, nach Israel zu fliegen, überlagerter und überwunden. An Bord einer EL AL Boeing 757 nahm ich die Enge des Raumes recht gelassen in Kauf und fühlte bald die wohlige Müdigkeit und wunderbare Distanz zu allem, die das Psycho-Mittel bewirkte.

Der Flug verlief ohne nennenswerte Vorkommnisse, bei EL Al natürlich mit koscherer Verpflegung. Ich war in Israel und überglücklich, wieder hatte ich es geschafft, zum achten Mal, allen Widerständen zum Trotz, ich war wieder hier in „Ha arez ha tova" („Dem schönen Land") und die großen Buchstaben über der Eingangshalle begrüßten mich und alle Ankommenden mit „Baruch Habaim“ („Gesegnet die Kommenden“).

Nach der Passkontrolle, dem Empfang des Koffers und dem Erwerb eines Mietwagens, eines Fiat Unos, fuhr ich auf dem Highway Richtung Tel Aviv.

Die neue Situation kam mir recht unwirklich vor, ich fuhr vorsichtig mit gebührendem Respekt vor den donnernden Schwerlastwagen und den vielen, vielen Autos um mich und bog vor Tel Aviv nach Norden Richtung Herzilya ab, wo ich die erste Nacht verbringen wollte. Das Hotel in unmittelbarer Nähe zu Strand hatte ich im Voraus gebucht, fand es schnell (ohne Navi) ging auf mein Zimmer und atmete erst einmal auf.

Die erste Station war erreicht und ich sagte von Herzen „Toda, Abba! Vielen Dank, Vater im Himmel“. Bald darauf schlenderte ich Richtung Mittelmeer zum Sandstrand, zog die Schuhe aus und lief lange an der Küste entlang. Der Sand war sehr fein und sauber, die Wellen umspülten meine Füße und ich wollte nur gehen, gehen, in dieser Luft, an diesem Ort, in diesem Land, gehen, gehen, gehen …

Die Sonne versank im östlichen Mittelmeer.

Tag 2: Von Herzliya nach Tiberias

Es wurde merklich kühler, Wolken verdeckten das Abendrot, die Gischt der Wellenkämme leuchtete silbern auf. Ich ging zurück zum Hotel und schlief nach einem kurzen Abendgebet schnell ein.

Um sechs Uhr morgens war ich wach, ging zum Meer, sprang in die Wellen und schwamm, es war einfach herrlich, erfrischend und belebend. Ein älterer Mann begann ein Gespräch mit mir und ließ mich wissen, dass er täglich im Meer badete, weil es so gesund sei, jeden Morgen, ob Sommer oder Winter, für Körper, Leib und Seele, und er fühle sich kerngesund und stark, an Leib und Seele, besonders mental. Das nahm ich ihm gerne ab.

Nach dem Frühstück, Bibellesen und Gebet checkte ich aus und fuhr gegen 11 Uhr an der Küste entlang Richtung Norden nach Caesarea. Dieser Ort war wirklich geeignet der Geschichte und der Antike zu begegnen. Herodes der Große hatte hier kurz vor Christi Geburt ein Meisterwerk der griechisch-römischen Architektur und Kultur mit einem einzigartigen künstlich erbauten Hafen errichten lassen.

Dieses Projekt hatte es wirklich verdient „die Kaiserliche" genannt zu werden. In Caesarea ging ich zum äußersten Vorsprung des alten Hafens und setzte mich. Es ging mir nicht um Fakten und Zahlen, sondern einfach um das Dasein, das Aufnehmen dieses Ortes in meinem Inneren. Was war hier alles geschehen, wie viele Menschen hatten hier seit der Zeit der Phönizier gelebt, geliebt und gehofft.

Wie war es Pontius Pilatus ergangen, als er hier für einige Jahre residierte und wie dem Apostel Paulus während seiner Zeit der Gefangenschaft?

Wie dem Kirchenlehrer Origenes und wie den Kreuzfahrern aus dem fernen Europa?

Lange saß ich auf der Mauer des alten Hafens und wollte nur eines: Da sein, einfach nur da sein und mit allen Sinnen fühlen, riechen, schmecken, sehen und hören was hier geschehen war und in diesem Augenblick geschah.

Denn das Meer brandete wie seit vielen Tausenden von Jahren auch jetzt gegen den Strand. Die Sonne schien wie seit Urzeiten und der Wind wehte und sang sein altvertrautes Lied.

War so viel anders als zuvor, oder war nicht vieles genau gleich wie in längst vergangenen Tagen, trotz all der gewaltigen technischen Entwicklungen besonders im Laufe der vergangenen vier Jahrhunderte?

Vorbei an den Resten der St. Paulus-Kirche ging ich zum Auto, ließ das absolut sehenswerte Theater aus römischer Zeit links liegen, da ich schon mehrfach dort gewesen war und seine einzigartige Akustik erlebt und bestaunt hatte und machte mich auf die Suche nach den Resten des Aquädukts.

Teilweise vom Dünensand zugeweht erhoben sich die Reste der Wasserleitung, mit der einst das kostbare Nass von einer sechs Kilometer entfernten Quelle nach Caesarea geleitet worden war. Und typisch für mich, ich kletterte an den uralten Steinen hinauf und warf einen Blick in das Innere der Wasserrinne. Damals gab es noch keinen bequemen Treppenbau für den Strom der Besucherinnen und Besucher.

Kurzer Exkurs: Das Römische Weltreich

Die Römer, der Senat und das Volk, die Kaiser, Militärs, Beamte, Dichter und Denker, waren davon überzeugt, dass das römische Volk zum Herrschen über die ganze Ökumene (den ganzen zu ihrer Zeit bekannten bewohnten Erdkreis) bestimmt sei. Völker, die sich unterordneten wurden beschützt und mit dem „römischen Frieden" beschenkt, Völker und Stämme, die sich gegen Rom auflehnten, waren die „Stolzen", und sie wurden zerschmettert.

Dieses Selbstverständnis drückte sich aus durch Imperialismus und Kolonialismus, rücksichtlose militärische Eroberungen, extreme Formen der Gewaltanwendung und Grausamkeiten und neben fleißiger Arbeit von Vermessern der eroberten Gebiete und engagierten Beamten auch durch höchsten Luxus und grenzenlose Genusssucht.

Neben der Herkunft, die von großer Bedeutung war und dem Militär, das gleichsam die Grundlage und Voraussetzung für einen Aufstieg in höhere staatliche Ämter bildete, arbeitete ein Heer herausragender Architekten, Techniker, Baumeister, Verwalter, Erfinder, Ärzte, Philosophen und Dichter zum Wohle des römischen Volkes und seiner besiegten Unterworfenen.

Großartige Straßen, gewaltige Brücken, atemberaubende Bauwerke und durchdachte, wirksame Verwaltungsordnungen entstanden in jener Zeit vor etwa 2000 Jahren.

Die Reste Roms, Ruinen und Dokumente sind bis in unsere Tage beindruckende, sehenswerte und bedenkenswerte Zeugnisse für die menschliche Schaffenskraft, für die körperlichen, seelischen und geistigen Gaben des damaligen Weltreiches.

Das Römische Weltreich ist ein besonders gutes Beispiel dafür, dass JAHWE GOTT die Völker der Welt nutzt, um seine Ziele zu erreichen, Seine Ziele mit seinem Volk Israel und mit der ganzen Menschheit und Welt.

Denn, als die Zeit erfüllt war, als Kaiser Augustus (63 v.Chr. bis 14 n.Chr.) in Rom herrschte, sandte Gott seinen Sohn, „geboren von einer Frau", ganz irdisch, animalisch, menschlich. Die Zeit war erfüllt.

Mary Beard schildert in ihrem Buch „SPQR Die tausendjährige Geschichte Roms" das Wesen dieses Weltreiches auf eindrückliche Weise.

Ich verließ Caesarea am Meer und fuhr auf der Landstraße 70 Richtung Bet Shearim und von dort nach Nazareth. Unterwegs nahm ich drei Soldaten mit, die, wie in Israel allgemein üblich, an einer Bushaltestelle nach einer Mitfahrgelegenheit suchten. Wir kamen ins Gespräch und einer von ihnen fragte mich: „Haben die Juden Jesus umgebracht?" „Nein", sagte ich „Jesus hat sein Leben aus eigener Entscheidung für alle Menschen hingegeben. Er ist für die Juden und die Völker, für ganze Welt gestorben. Er liebt Israel und wird es retten."

Es war still geworden im Auto, niemand widersprach mir, meine Mitfahrer spürten, dass ich sie, ihr Land und ihr Volk liebte und das war die Brücke zwischen uns, auf der wir uns begegnen und voneinander lernen konnten.

Exkurs „Israel“

Manche Dinge im Leben sucht man sich nicht selber aus. Sie geschehen einfach, erreichen uns, verändern und prägen uns und bestimmen uns unser Leben lang.

So war es bei mir mit Israel.

Mein „Verhältnis“ zu Israel wurde durch die Geschichten der Bibel, die uns zu Hause, in der Kinderkirche und Jungschar erzählt wurden, begründet.

Zu meinem Wesen, meiner Persönlichkeit gehört von Kindheit an, dass ich Dinge sehr ernst nehme, gerade auf ethischem und religiösem Gebiet.

Im Alter von etwa 20 Jahren schloss ich eine tiefe Freundschaft zu einem gleichaltrigen Türken, der in Reutlingen als Gastarbeiter lebte. Es war Fügung und unsere Freundschaft hielt über 20 Jahre lang.

Durch ihn lernte ich einen älteren Mann kennen der sehr mit dem Judentum verbunden war und monatelang in Israel gelebt hatte. Er wurde mir zum väterlichen Freund und verbrachte seine letzten Lebensjahre bei uns im Pfarrhaus.

ER war Jahrgang 1911 und, ohne dass die Öffentlichkeit davon wusste, der Sohn eines Juden und einer Deutschen.

Auf dem Papier war er ein reiner Angehöriger der arischen Herren-Rasse. Und er war sehr sportlich, lief die 100 Meter in einer Elfer-Zeit und intelligent war er auch, sehr intelligent.

Es lag auf der Hand, dass er voll tauglich eingestuft wurde und in den Krieg musste. Als Sanitäter überlebte er Frankreich und

Russland und wurde Zeuge von unbeschreiblichen, schändlichen Gewalt- und Mordtaten.

Die Erstversorgung der Verwundeten lag unmittelbar hinter der Front und wenn er und seine Dienstkolleginnen und kollegen das nicht in Worte zu fassende Elend der Menschen, die eingeliefert wurden sahen, all die Körper denen Arme, Beine oder andere Teile weggerissen waren und das viele, viele Blut, dann sagten sie manchmal zu einander: „Hitler, wenn du das sehen würdest, dann würdest du vielleicht anders denken und den Krieg beenden.“

Aber Hitler sah es nicht oder wenn er es gesehen hätte, hätte er wohl gesagt „Das muss so sein, das ist der Preis für das neue Groß-Deutsche Reich.“

Denn Adolf Hitler war besessen, besessen von einem bösen Geist, der Mord und Tod, Leid und Elend in Kauf nahm, denn es ging ja darum, dass das, wozu die „Vorsehung“ ihn bestimmt hatte, verwirklicht wurde.

Und der Krieg ging weiter bis zum bitteren Ende.

An der Front konnten nur das Radio abschalten, den Volksempfänger, denn die herzlosen Durchhalteparolen des Führers und seiner engsten Vertrauten Göbbels und Co. waren draußen im unfassbaren Elend unerträglich, einfach unerträglich.

Von diesem meinem väterlichen Freund, der mir zum „Starez“, zum Seelenkenner und Seelenbegleiter wurde, erhielt ich in meinen 20er Jahren den Rat:

„Wenn du im Bereich der Religion in die Tiefe gehen willst, dann reise nach Israel und lerne Land und Leute vor Ort kennen.“

Gehört, getan, er hatte recht und so begannen meine Reisen nach und Verbindungen mit Israel.

Israel aus historischer, biblisch-theologischer, geschichtlicher, wissenschaftlicher Sicht

Das Wort „Israel“ wird unterschiedlich übersetzt. Klar ist, dass „El“ im altsyrischen Umfeld ganz grundsätzlich „Gott“ bedeutet im Sinne von „höchste Gottheit“, ähnlich wie „Allah“ im Arabischen.

Wird „isra“ von „sarah“ gleich „kämpfen, streiten“ abgeleitet, kann das Wort Israel mit „Gottesstreiter“ oder „Der mit Gott kämpft“ übersetzt werden.

Möglich sind aber auch die Übersetzungen „Gott möge streiten“, oder „Gott möge herrschen“ oder „Gott ist der Herrscher“.

Historisch, wissenschaftlich betrachtet war „Israel“ zunächst der Zusammenschluss internationaler Stämme, die im Gebiet des heutigen Nahen und Mittleren Osten, in Syrien, Jordanien, Saudi-Arabien und dem Negev siedelten und gemeinsam JAHWE GOTT verehrten. Sie bildeten eine sogenannte „Amphiktyonie“, eine Siedung um ein Heiligtum herum.

Ihre Vorläufer waren Angehörige der Lea- und der Rahel-Stämme.

Die Lea-Stämme brachten die Sinai-Offenbarung von JAHWE-GOTT mit. Der Berg Sinai lag wohl im heutigen Norden von Saudi-Arabien, unweit südöstlich von Akaba (Aqaba).

Die Rahelstämme brachten das Erlebnis des Exodus mit, der Befreiung aus der Knechtschaft in Ägypten, die nach ihrer Be-

gegnung und Verschmelzung mit den Leastämmen kein anderer als JAHWE-GOTT bewirkt haben konnte.

In die Geschichte der Menschheit, die historische Zeit, wie wir sie kennen, trat dieser Stämmeverband am Ende der Bronzezeit, ca. 1100 (Richterzeit) bis 1000 v. Chr. (Zeit ab David) ein.

Von den anderen Völkern, die im Vorderen Orient sesshaft wurden, den Kanaanäern, Ägyptern, Philistern, Hethitern und anderen mehr, unterschied sich Israel in einem wichtigen Punkt:

Israel behielt seine eigene Kultur und Religion, grenzte sich von der Kultur des Siedlungsgebietes ab und setzte sich kritisch mit ihr auseinander.

Und das fortwährend. Israel blieb in seiner Einzigartigkeit bestehen.

Der Bund mit JAHWE GOTT ist das Wesen dieser Einzigartigkeit.

JAHWE ist Israels Gott und Israel ist JAHWES Volk.

Es gibt keine anderen Götter, denen Israel gehören könnte.

Das Urbekenntnis Israels lautet:

„JAHWE hat Israel aus Ägypten herausgeführt."

Diese Herausführung, der Exodus aus Ägypten war ein geschichtliches Ereignis (wohl der Vorläufer der Rahelstämme), kein mythologisch-zeitloses Geschehen.

JAHWE ist der Gott Israels, der sein Volk in der Wüste führt und durch diese hindurch hinein in das Kulturland.

Dort pflanzt er es als Eigentumsvolks ein.

Auf dem Sinai schließt JAHWE den Bund mit Israel (stellvertretend wohl mit den Vorläufern der Leastämme):

Ihm allein gehört Israel als heiliges Volk.

Dieser Bund bezieht sich auf den Exodus aus Ägypten und wird am Berg Sinai geschlossen, vermittelt durch Mose, dem JAHWE GOTT die Tora für sein Volk gab.

Die Zeit davor war die Zeit der Verheißung, der Bundesschluss am Sinai die historische Erfüllung.

Die Vätergeschichten von Abraham, Isaak und Jakob verheißen das Land, in das in späteren Zeiten die Nachkommen als das Volk JAHWES einziehen werden.

Geschichte hat hier ein Ziel, auf das sie zuläuft.

Der Ungehorsam des Volkes, der Abfall von JAHWE, der Bundesbruch führt zur Strafe und Züchtigung durch JAHWE.

Israel wird nicht ausgetilgt, der Bund wird nicht annulliert, sondern Israel wird gestraft und die Erfüllung der Verheißungen werden verzögert, aber nicht hinfällig.

JAHWE GOTT reagiert in einem aktiven, richterlichen Akt. Dadurch wird Geschichte Geschichte als Gericht.

Die gesamte Geschichte Israels bleibt unter dem Schema Verheißung und Erfüllung.

Das bedeutet: Die Verwirklichung des Bundes JAHWES mit Israel ist ein historischer Prozess, ein „Vorschreiten" auf sein Telos hin.

Der Heilsplan Gottes wird sich verwirklichen. Dazu bedient sich Gott der großen und kleinen geschichtlichen Mächte, die er als Werkzeuge nutzt.

Ein entscheidendes Datum für Israel ist das Jahr 997 v. Christus. Denn in diesem Jahr gelang es David mit einer Söldnertruppe die schwer zugängliche Stadt Jerusalem zu erobern. Sie war von Jebusitern bewohnt, die David nach seinem Sieg weiter in der Stadt unter seiner Herrschaft leben ließ.

Damit war David König von drei Reichen, im Süden vom Reich der Stämme Juda und Benjamin, im Norden vom Reich der Stämme Ephraim und den weiteren Stämmen des späteren Nordreiches und in Jerusalem war er König seines persönlichen, privaten Reiches, das er zu seiner Residenz ausbaute.

Zion

Zion ist eine Örtlichkeit in Jerusalem, genauer des südöstlichen Hügels von Jerusalem.

Später wurde der Name für den Tempelberg oder die ganze Stadt verwendet.

Die Bibel spricht vom „Berg Zion" und der „Tochter Zion". Mit dieser „Tochter" sind die Gläubigen gemeint, die Menschen, die auf dem Berg Zion JAHWE GOTT anbeteten und verehrten.

Auch wir Christen gehören zu dieser „Tochter Zion" und singen ihr Lied aus tiefstem Herzen, denn wir verehren in unserm HERRN JESUS CHRISTUS ja keinen anderen Gott als JAHWE GOTT, den Gott Israels.

Wem gehört Jerusalem?

Nach dem Zeugnis der Bibel JAHWE GOTT selber.

ER hat Sich Jerusalem, genauer gesagt, den Tempelberg, noch genauer das Allerheiligste im Tempel als Ruheort (hebräisch: „Menucha“) für sich selbst ausgesucht.

Theologisch sprechen wir von der Zionserwählung durch JAHWE GOTT.

Im Allerheiligsten des Tempels wurde Seine Gegenwart verehrt und der Hohepriester betrat diesen Ort nur einmal im Jahr am „Jom Kippur“ (wörtlich „Tag der Bedeckung“) um durch das Sprengen von einigen Tropfen Blut eines Tieres Sühne zu bewirken.

Diesem Tier, einem Schaftbock, hatte er durch Handauflegung seine Sünden und die Sünden des ganzen Volkes übertragen.

Und so brachte das Blut, das Symbol des Lebens, die Sünde und Schuld des Hohenpriesters und des ganzen Volkes, ja der ganzen Menschheit und Welt zu JAHWE GOTT.

Und JAHWE GOTT nahm dieses Opfer an und die schwachen Menschen in seine Gemeinschaft auf.

Das bedeutet Sühne.

Der obere Teil der Bundeslade im Allerheiligsten wurde deshalb Sühnemal (altgriechisch: „Hilastärion“) genannt.

Gemeint ist damit der Ort, an dem der heilige GOTT die sündhafte Menschheit annimmt, all ihre Verfehlungen bedeckt und ein Leben in Gemeinschaft mit Sich ermöglicht.

Der Apostel Paulus schreibt im Römerbrief:

„Dieses Hilastärion, dieses Sühnmal ist JESUS CHRISTUS."

Durch Sein vergossenes Blut auf Golgatha hat er die sündhafte Menschheit und Welt zum heiligen JAHWE GOTT gebracht. JAHWE GOTT hat dieses Opfer angenommen und Seinen SOHN auferweckt.

JESUS hat auf Golgatha Versöhnung gestiftet.

Kehren wir noch einmal zurück zu der Frage: Wem gehört Jerusalem?

Wie gesagt, zunächst einmal JAHWE GOTT selber.

Aber ER hat Jerusalem seinem Stellvertreter und Vikar David und dessen Nachkommen übergeben und anvertraut.

David und seine Nachkommen sollten vom Zion aus stellvertretend für JAHWE GOTT über die ganze Welt herrschen und regieren.

Theologisch sprechen wir hier von der David-Sippen-Erwählung.

Und diese Erwählung, die sich im Laufe der Jahre, Jahrzehnte und Jahrhunderte als veränderungsbedürftig herausstellte, wurde theologisch in den Messianismus verwandelt und vertieft.

Nicht einfach ein irdischer Nachkomme aus der Davidsippe sondern JAHWE GOTTES eigene WEISHEIT und Sein eigenes WORT sollten Mensch werden.

Der offenbarungsgeschichtliche Weg führte zum „MESSIAS“, dem endzeitlichen, letzten, wahren „Sohn Davids“.

Damit sind wir aus christlicher Sicht bei unserem HERRN JESUS CHRISTUS.

ER ist der MESSIAS und IHM gehört die Stadt des großen Königs, die Stadt mit dem Haus des HERRN, IHM gehört Jerusalem.

Wir Christen müssen aber Jerusalem nicht für unseren HERRN erobern. Das wird sich alles ergeben bei seiner Wiederkunft.

Wir Christen wissen um das „Himmlische Jerusalem“ und kämpfen nicht mit Fleisch und Blut, wir führen nicht Kriege gegen irdische Mächte und Gewalten.

Unser Kampf ist ein Kampf im geistlichen Bereich, ein Krieg gegen Satan, den Gegner JAHWE GOTTES und seine gottfeindliche Geister, ihre Gedanken und Taten, gegen Lüge und Mord, Abwertung und Beleidigung, Unterdrückung und Ungerechtigkeit, Nötigung und Missbrauch, Vergewaltigung und Entwürdigung, Schändung und Lebenszerstörung.

Wo lag der Tempel, den Salomo Mitte des 10. Jahrhunderts v.Chr. und die Rückkehrer aus dem babylonischen Asyl an gleicher Stelle Ende des 6. Jahrhunderts v. Chr. erbauten genau?

Die Frage ist nicht so leicht zu beantworten.

Beginnen wir mit der heutigen Situation.

Über dem zentral in der Mitte des Tempelberges gelegenen Felsen, gemeint ist doch wohl der Fels Morija, auf dem Abraham so schrecklich von JAHWE GOTT geprüft wurde, ob er, aus lauter Liebe und Gehorsam JAHWE GOTT gegenüber, bereit sein würde, seinen einzigen Sohn Isaak zu opfern, steht heute das wunderschöne, aber in seinem Innern mit sehr antichristlichen Worten versehene, islamische Gebäude des Felsendomes.

Abraham wurde, nachdem sein absoluter Gehorsam sichtbar geworden war, ein Widder als Ersatz für seinen Sohn als Opfertier gegeben.

Südlich von diesem Felsendom erhebt sich die Al-Aqsa- Moschee in ihrer gewaltigen Pracht und Ausdehnung. Ihr Name geht zurück auf eine Stelle im Koran, in der beschrieben wird, dass der Prophet Mohammed auf seiner Wunderstute von Mekka nach „Al-Aqsa" wörtlich „an den äußersten" zu ergänzen ist „Ort" entrückt wurde, seine Wunderstute dort anband und zu Allah in den Himmel entrückt wurde und die fünf Säulen des Islam erhielt.

Für Muslime stand und steht fest: „Al Aqsa" ist nichts anderes als „Al Quds" („Die Heilige), das heißt: Jerusalem.

Zu Beginn des Islam beteten die Muslime deshalb nicht Richtung Mekka, sondern Richtung Jerusalem.

Später wurde Jerusalem nach Mekka und Medina der drittheiligste Ort des Islam. Und das gilt bis heute.

Diese religiösen Lehren, Anschauungen, Verkündigungen, Haltungen und Überzeugungen sind der tiefste Grund für den ewigen Kampf um Jerusalems heilige Stätten.

Menschen können diesen Kampf nicht gewinnen und nicht befrieden, so sehr sie sich darum bemühen.

Diesen Kampf und Krieg kann nur JAHWE GOTT beenden und ER wird dies durch die Wiederkunft Seines SOHN JESUS CHRISTUS tun.

Wo stand nun aber der Tempel Salomos und der Zweite Tempel der Rückkehrer aus dem Exil.

Klar ist, beide standen an der gleichen Stelle.

Wo genau ist schwer zu sagen, wahrscheinlich westlich des Felsendomes, zumindest das Allerheilgste befand sich wohl westlich des Felsendomes.

Der jüdische Tempel wurde von Osten betreten, es gab einen Bereich für Nichtjuden und Frauen, für jüdische Männer und einen abgesonderten Bereich für das Tempelpersonal, die Priester und Hohenpriester, der für alle anderen tabu war.

Zur Zeit Jesu war der Tempelberg durch eine gewaltige Erweiterung des Bereiches um den Tempel in einen ebenen Platz mit Steinboden und einer großen Säulenhalle zu einem einzigartigen Gesamtensemble gestaltet worden.

Im großen Ganzen ist der Tempelbereich bis heute in dieser Form erhalten.

Religiös steht er unter der Aufsicht und Kontrolle des Waqf, einer islamischen Organisation mit Sitz in Jordanien.

Politisch nimmt sich Israel das Recht des Stärkeren und greift mit Polizei- und Militärgewalt ein, wann immer Unruhen, Aufstände und Gewalt auf dem Tempelberg oder von ihm im Westen nach unten auf die jüdischen Beterinnen und Beter an der Westmauer(Klagemauer) zu befürchten sind.

Die Westmauer, auch Klagemauer genannt, hebräisch „Ha Kotel" ist für gläubige Juden der wichtigste Ort, an dem sie dem früheren jüdischen Tempel und damit dem Allerheiligsten und ihrem GOTT JAHWE nahe sein können. Seine Schechina, das bedeutet „Einwohnung" liegt für sie immer noch über diesem Bereich an der Westmauer, genauer gesagt über ihr auf dem Tempelberg.

Und die Steine der Westmauer sind teilweise sehr alt, älter als 2000 Jahre.

Zahlenmäßig kleine radikale Gruppen unter Juden und Moslems

Unter Juden gibt es Gruppen, die den dritten jüdischen Tempel auf dem Tempelberg erbauen wollen. Dafür würden alle islamischen Heiligtümer zerstört und der Gesamtkomplex nach jüdischer Religion neu aufgebaut und gestaltet.

Unter Moslems gibt es Gruppen, die leugnen, dass es je einen jüdischen Tempel auf dem Tempelberg gegeben hat.

Aus ihrer Sicht ist der Tempelberg das „Haram-al-Sharif", „das erhabene Heiligtum", seit Urzeiten islamisch und für immer islamisch.

Es liegt auf der Hand, dass beide Haltungen den Konflikt zwischen Israel und Palästina, Juden und Arabern, zwischen dem Judentum und dem Islam unvorstellbar verschärfen und eskalieren würden.

Denn: Der Konflikt ist im Grunde ein religiöser Konflikt zwischen Brüdervölkern.

Wie gesagt, es handelt sich um Minderheiten, aber die Radikalen auf beiden Seiten sind vorhanden und nehmen möglicherweise zahlenmäßig zu.

Und dann ist der letzte Krieg dieser Welt im Bereich des Möglichen.

Zionismus

Es gibt einen religiösen Zionismus, das bedeutet, dass Menschen aus Glaubensgründen ihre Herzen und Sinne Richtung Jerusalem ausrichten, vielleicht sogar dorthin ziehen um dort zu leben und vor Ort JAHWE GOTT besonders nahe zu sein.

Es gibt auch einen politischen Zionismus, das bedeutet, dass Juden und Menschen, die sich dem Judentum nahe fühlen, aus aller Welt nach Jerusalem bzw. Palästina oder Israel ziehen um dort zu leben und ihre politischen Ideen auszuleben und zu verwirklichen, z.B. sozialistische oder kommunistische Lebensformen in Kibbuzen, Moschavs oder anderen Lebens- und Wohngemeinschaften.

Der politische Zionismus war oft atheistisch, muss es aber nicht unbedingt sein.

Die beiden Formen, religiöser und politischer Zionismus, müssen sich also nicht ausschließen, sie können auch als Mischformen existieren und haben das gemeinsame Ziel: hinauf nach Jerusalem.

Der Staat Israel

Der Staat Israel wurde 1948 gegründet, damit alle Juden, wo immer sie in der Welt wohnen, eine sichere Heimstätte haben. Der Staat Israel sollte und soll ein sicherer Hafen für alle Juden sein.

Das gilt besonders nach dem Holocaust, in dem ca. sechs Millionen Juden ermordet wurden.

Ich verwende statt des aus dem Altgriechischen stammende Wort „Holocaust“ das hebräische Wort „Schoah“, denn „Holocaust“ bedeutet wörtlich übersetzt „ganz verbranntes (Opfer)“.

Damit wird in der Bibel eine bestimmte Opferart benannt, bei der das Opfertier ganz, mit Haut und Haaren, Fleisch, Innereien und Knochen Gott geopfert und verbrannt wurde.

„Schoah“, auch „Shoa(h)“ geschrieben, bedeutet „Katastrophe“ oder „Untergang“.

Doch zurück in die ferne Vorzeit in die Zeit vor König David, also vor 1000 v. Christus, in die Zeit in der alles begann und in der die Wurzeln für die heutige religiöse und politische Wirklichkeit liegen

In den Jahrhunderten vor David, Saul und den Richtern lebte Israel, wie gesagt, als „internationaler“ Stämmeverband im Norden des heutigen Saudi-Arabiens hinauf in Gebiete des heutigen Jordaniens und Syriens.

Die Vorläufer der Lea- und Rahelstämme hatten sich um 1200 v. Chr., vielleicht auch schon früher, als Amphiktyonie (Sied-

lung um ein Heiligtum) zusammengeschlossen und beteten JAHWE als den einen und einzigen GOTT an.

Das Exodusereignis und -erlebnis der Vorläufer der Rahelstämme wurde in das Sinaiereignis und -erlebnis der Vorläufer der Leastämme integriert.

JAHWE stand hinter allem, ER hatte sich Israel am Sinai selbst geoffenbart und ER hatte die Befreiung aus Ägypten geschehen lassen. Die „Ich-du-Beziehung" zwischen JAHWE und Israel, den Vorläufern der Lea- und Rahelstämme war begründet.

In der Zeit vor König David war der Benjaminite Saul König, vor ihm ordneten Richter die wichtigen, entscheidenden Fragen des Stämmeverbandes z.B. im Bereich des Rechtes, der Kriegführung und der Religion.

Die Philister

Der Philister waren eine Volksgruppe, die von den griechischen Inseln im 12. und 11. Jahrhundert vor Christus über das Mittelmeer Richtung Osten, Richtung Ägypten und Kanaan vordrangen.

Ihr Ziel war es, von Ägypten bis hoch ins heutige Syrien und hinein nach Kanaan Land zu erobern und Städte zu gründen.

Man nennt dieses Gebiet auch die Levante, den „Osten", Länder am östlichen Mittelmeer.

Dieses Ziel haben sie teilweise und für einen gewissen Zeitraum auch erreicht.

Die damaligen „griechischen", „europäischen" Philister waren durch ihre Waffen aus Eisen den dortigen Bewohnern überle-

gen (siehe Goliath). Sie waren zielstrebige Eroberer und „Besatzer", gefährliche Feinde für die Einheimischen und es gelang ihnen, im „Nahen Osten" Städte zu gründen. Bekannt sind aus der Bibel die fünf Philisterstädte Gaza, Aschkelon, Aschdod, Gat und Ekron.

Gaza

Und genau von diesem „Gaza" aus der Zeit um 1100 v. Chr. kommt unser heutiges „Gaza" und der „Gazastreifen" her. Das Wort wurde in der Antike anders ausgesprochen, an seinem Anfang mit einem tief aus der Kehle kommenden „A-a"-Laut, den die späteren Griechen nicht leicht hervorbringen und aussprechen konnten und deshalb verdanken wir ihnen über die Römer unsere heutige Aussprache des Wortes als „Gaza".

Die Palästinenser

Von diesen „Philistern" leitet sich das Wort „Palästinenser" und „Palästina" sprachlich, aber nur sprachlich ab.

Die heutigen Palästinenser haben historisch, genetisch, religiös und kulturell nichts oder nur marginal mit den damaligen Angehörigen des Seefahrervolkes aus dem Bereich der griechischen Inseln zu tun.

Die heutigen Palästinenser sind eine arabische Mischbevölkerung.

Im Laufe der Geschichte vermischten sich in allen Teilen der Welt Menschengruppen mit anderen, auch im Nahen Osten.

Teils geschah dies einvernehmlich und freiwillig im Rahmen Eheschließungen, wirtschaftlichem Handel mit Tauschgütern oder durch Völkerwanderungen.

Leider gab es auch unfreiwillige Vermischungen, z.B. durch Kriege, Vertreibungen und Zwangsumsiedlungen (so wurden z.B. viele Angehörige des Nordreiches Israel 722 v. Chr. nach dem Sieg Assurs über Nordisrael, Richtung Osten umgesiedelt und von dort, aus fernen Ländern Menschen nach Nordisrael.)

Es kam sicher auch zu Kriegsverbrechen, z.B. der Ermordung der Männer und dem Raub der Frauen eines Volkes und deren zwanghafte Integration in ein anderes und zu Vergewaltigungen.

Der Name „Palästina" aber blieb, von den griechischen Philistern herkommend, über die Jahrhunderte für das Gebiet um Gaza erhalten.

So nannte der römische Kaiser Hadrian 135 n. Chr. nach der Niederschlagung des Bar Kochba-Aufstandes die Provinz Judäa „Syria Palästina", um den Namen Judäa für immer auszulöschen.

Von dieser Benennung her hat sich das Wort Palästina für das Gebiet und Palästinenser für die Menschen die in diesem Gebiet wohnten durchgesetzt und erhalten.

Einen Staat Palästina in unserem heutigen Verständnis von Staat gab es bisher nicht.

Die Osmanen herrschten vom 13. Jahrhundert bis Anfang des 20. Jahrhunderts unter anderem über das Gebiet der Levante. Wichtige Städte und Gebiete waren Damaskus, Jerusalem und Kairo.

Noch einmal zu König David

Nachdem David 997 v. Chr. Jerusalem erobert hatte, ließ er die Bundeslade, den Ort der Anwesenheit, des „Wo-Seins-JAHWE GOTTES nach Jerusalem auf den Tempelberg überführen.

Dieser Ort war die Tenne des Arauna, die David diesem abgekauft hatte. Heute steht dort der Felsendom und dieser Ort trägt auch den Namen Morija.

Es ist den islamischen Herrschern hoch anzurechnen, dass sie Ende des 7. Jahrhunderts nach Christus den Ort des Ersten Tempels gereinigt, geschützt und durch das wunderschöne Bauwerk des Felsendomes gewürdigt haben.

Jerusalem heißt auf Arabisch „Al Quds" und ist nach Mekka und Medina die drittheiligste Stätte des Islam.

Der Bau des ersten jüdischen Tempels im 10. Jahrhundert v. Chr. unter König Salomo mit dem Allerheiligsten wohl leicht westlich des Ortes des heutigen Felsendomes und der Bau des zweiten Tempels Ende des 6. Jahrhunderts v. Chr. nach der Rückkehr aus dem babylonischen Exil an dem gleichen Ort wird meines Wissens in arabisch-muslimischen Schriften nicht erwähnt.

Zurück ins 10. Jahrhundert vor Christus

Aus biblisch-theologischer Sicht geschah Anfang des 10. Jahrhunderts vor Christus etwas Entscheidendes:

Gott erwählte David und seine Sippe zu seinem Stellvertreter hier auf Erden, mit Sitz in Jerusalem.

Denn JAHWE GOTT selber hatte sich entschieden: Hier, auf dem Tempelberg in Jerusalem, will ich Meinen Namen wohnen lassen, hier will ich einwohnen, hier ist mein Erbland, mein Ort auf Erden.

Deshalb baute König Salomo der Sohn und Nachfolger von David, dort den ersten Tempel.

In der theologischen Wissenschaft sprechen wir von der Zionserwählung durch JAHWE GOTT und der David-Sippenerwählung durch JAHWE GOTT.

David und Salomo herrschten also von Jerusalem aus über das Südreich, das Nordreich und über Jerusalem.

Aber diese Einheit hielt nicht lange.

Unter dem Sohn von Salomo, Rehabeam, wurden die Reiche getrennt und das Nordreich ging seine eigenen Wege.

Israel und die Völker oder „Das Wesen der Geschichte in der Bibel"

Israel lebte (und lebt) in der Abgrenzung von den anderen Völkern.

Das ergab sich durch seine Erwählung durch JAHWE GOTT, die Tora und den Bund JAHWE-Israel.

JAHWE Gott hat andere Völker als „Hilfs- oder Strafmittel" für sein Volk gebraucht. So war z.B. Assur im 8. Jahrhundert v. Chr. die „Rute Seines Zornes".

Wozu ist Israel auserwählt?

Israel ist dazu auserwählt, Zeugnis von JAHWE GOTT abzulegen, vor allen anderen Völkern, anders gesagt, den Bund mit JAHWE GOTT zu leben und zu bezeugen.

Das ist das Wesen Israels.

Israels Aufgabe und Bestimmung ist es, in einem liebevollen Verhältnis zu JAHWE GOTT zu leben, seine Gebote und Satzungen zu halten und IHN als einzigen lebendigen GOTT zu bezeugen.

Das hat Israel im Laufe der Geschichte oft getan.

Denn im Unterschied zu vielen anderen Völkern, die durch Großmächte wie Assur, Babylon oder die Römer besiegt wurden und nach ihrer Niederlage geschichtlich, kulturell und religiös untergingen, bzw. von den Siegervölkern assimiliert wurden, behielt Israel seine innere, religiöse Eigenständigkeit, grenzte sich ab von anderen Völkern und Sitten und blieb, zumindest in Teilen, seinem Bund mit JAHWE GOTT treu.

Leider geschah es aber auch, dass Israel seinen Bund mit JAHWE GOTT vergaß und seinem GOTT die Treue brach.

Die Propheten riefen zur Umkehr auf, JAHWE GOTT warnte sein Volk durch deren Verkündigung vor furchtbaren Strafen bis hin zur Auslöschung Israels (z. B. des Nordreiches Ende des 8. Jahrhunderts v. Chr. und Judas (Anfang des 6. Jh. v. Chr.) als historische, politische, staatliche Größe.

Die Propheten verkündigten aber auch die Hoffnung auf einen Neubeginn der Beziehung JAHWE GOTT zu Israel in einem Neuen Bund (z.B. Jeremia 31).

Festzuhalten ist, dass JAHWE GOTT geschichtliche Mächte benutzte und benutzt, um sein Volk Israel zu strafen oder zu belohnen.

So erlaubte z.B. der Perserkönig Kyros II. 539 v. Chr. die Rückkehr der Juden aus dem babylonischen Exil und den Bau des Zweiten Tempels in Jerusalem.

Was war die Aufgabe der Propheten?

Sie stehen für eine Weiterentwicklung des geschichtlichen Denkens in Israel.

JAHWE wirkt Geschichte durch Sein Wort.

Er verwirklicht seinen Bund in der Geschichte und richtet über Israel in der Geschichte.

Diese irdische Geschichte drängt zu einem Abschluss, in mancher Verkündigung zur völligen Vernichtung des Volkes wegen seines Abfalls von JAHWE, in anderer zu einer endgültigen Erfüllung der Verheißungen Gottes.

Amos z.B. nimmt im 8. Jh. v. Chr. die Vorstellung vom „Tag JAHWES" auf. Dieser Tag wird aber Finsternis, nicht Licht sein (Amos 5,20). Und dennoch, die Hoffnung, dass ein Rest Israels bleiben wird, besteht. Dann herrschen Recht und Gerechtigkeit.

Die Heilstaten JAHWES mit seinem Bundesschluss werden als Urzeit verstanden.

Und die Endzeit wird dieser Urzeit entsprechen: JAHWE wird noch einmal und endgültig seine Heilstaten ausführen und verwirklichen.

Hosea, ein Zeitgenosse des Amos geht noch einen Schritt weiter: Israel wird das urzeitliche Geschehen in der Wüste noch einmal erleben und der Bund mit Israel, ja mit der ganzen Schöpfung wird neu geschlossen werden (Hosea 2,16f.).

Jesaja verkündigt in mythischer Sprache im 7. Jahrhundert vor Chr.: Die Verheißungen des Davidbundes bleiben für den „Rest" in einer transformierten Form bestehen (Jesaja 9,5f; 11,1ff) und der Zion wir zur unüberwindlichen, göttlichen Gründung (z.B. Jesaja 8,18; 28,16).

Deuterojesaja malt im 6. Jahrhundert v. Chr. das angekündigte Gerichtshandeln JAHWES mit den Farben der Urzeit.

So wie JAHWE Israel aus Ägypten herausgeführt hat, wird er es aus Babylon heimführen (Jesaja 43,16-21; 48,20f).

Wie damals der Bundesschluss mit Noah nach der vernichtenden Sintflut wird JAHWE wieder einen Bund mit Israel schließen.

Zusammenfassend lässt sich sagen:

JAHWE GOTT verkündigt und offenbart durch die Propheten: Die Geschichte Israels und der Völker drängt zum Ziel.

Das bedeutet: Die Geschichte wird an ihr Ende gelangen. Die Verkündiger der Apokalyptik, ab dem 4. Jh. v. Chr., sprachen von den zwei Äonen.

Die jetzige Weltgeschichte als „dieser Äon" wird abgelöst vom „kommenden Äon", dem Reich Gottes.

In JESUS von Nazareth erschien das Reich Gottes, das nicht von dieser Welt ist und das Ende der Geschichte dieses irdischen

Äons brach in seiner Verkündigung, seinen Taten und seinem Sühnetod und seiner Auferstehung herein.

Doch zurück zu einer anderen Frage:

Von wann bis wann war Israel eine politische, staatliche Größe?

Die Antwort lautet:

Erste Phase: Von 997 v. Chr. (Eroberung Jerusalems durch David) bis 587 v. Chr. (Zerstörung des Tempels durch die Babylonier), also ca. 400 Jahre. Das Nordreich war schon 722 v. Chr. durch die Assyrer besiegt worden und die Provinz Juda lebte als kleine politische Größe in einem Vasallenverhältnis zu Assur und Babylon bis 587 v. Chr.

Zweite Phase: Etwa 515 v. Chr. (Einweihung des Zweiten Tempels) bis 135 n. Chr. (Ende des Bar Kochba-Aufstandes). Der römische Kaiser Hadrian beendete 135 n. Chr. alles staatlich-politische Leben in Israel, Juda und Jerusalem. Die zweite Phase dauerte also ca. 650 Jahre.

Dritte Phase: 1948 bis…?

Das bedeutet: Über 1800 Jahre war Israel keine historische, politische, staatliche Größe!

Doch gehen wir noch einmal zurück, viel weiter zurück und wenden uns der Heilsgeschichte zu.

Heilsgeschichte

Die Heilsgeschichte beginnt mit Abraham. Abraham ist als historische Person nicht zu fassen.

Gott hat ihn aus seiner Heimat, Familie und Sippe gerufen und ihm den Befehl gegeben, in ein unbekanntes Land, das ER ihm zeigen würde, zu ziehen, in das Land der Verheißung.

Und Abraham hat gehorcht.

Er glaubte JAHWE GOTT und dieser rechnete ihm dies als seine Gerechtigkeit an.

Abraham begründet zwei Linien von Nachkommen.

Die eine ist: Abraham, Ismael und dessen Nachkommen. Diese Linie ist gleichsam die natürliche Linie, denn Abraham zeugte Ismael von Hagar, der Magd seiner Frau Sarah. Sarah selber hatte ihn zum Sex mit Hagar aufgefordert. Ismael zeugte viele Nachkommen. JAHWE GOTT geht seinen Weg mit dieser Linie, mit diesen Nachkommen Abrahams und führt sie an ihr Ziel.

Die andere Linie ist Abraham, Isaak, Jakob und Esau. Diese Linie ist die Linie der Verheißung, in gewisser Weise die übernatürliche Linie, denn Abraham war sehr alt, als Isaak geboren wurde und Sarah längst in den Wechseljahren, es erging ihr nicht mehr nach der „Art der Frauen". Aber trotzdem wurde Isaak von ihr geboren.

Rebekka bekam von Isaak Zwillinge und schon bei deren Geburt hielt der zweitgeborene Jakob seinen erstgeborenen Bruder Esau an dessen Fuß.

Deshalb wurde Jakob der „Fersenhalter" genannt.

Rebekka, die Mutter der beiden spürte und erkannte (vielleicht durch mütterliche Intuition), dass Jakob das Erstgeburtsrecht und der Erstgeburtssegen zustanden.

Deshalb stiftete sie ihren Sohn Jakob zu einer List, einem Betrug und Erschleichen dieses Segens an.

Nach anfänglicher tödlicher Feindschaft fanden Jakob und Esau später zu einer friedlichen (koexistenten) Lösung ihrer beiden Lebenswege und Lebensbestimmungen.

Esau wurde zum Stammvater des Volkes Edom.

Jakob musste sehr schwere Prüfungen erleben und erleiden und bekam nach einem geheimnisvollen nächtlichen Kämpfen und Ringen mit einem „Mann" den Namen „Israel".

Er hatte mit Gott und mit Menschen gerungen und gesiegt. Er ging gezeichnet als „Hinkender" aber auch als „Gesegneter" aus diesem Kampf heraus und ist der Urvater des Volkes Israel.

In der biblischen Überlieferung liegt Gottes Erwählung und Verheißung und sein Segen auf der Linie Abraham, Isaak, Jakob und dessen Kindern.

Aber, wie gesagt, GOTT denkt auch an Ismael und seine Nachkommen und an Esau und seine Nachkommen.

Es geht hier um heilsgeschichtliche Geheimnisse, die nur JAHWE GOTT ergründet und kennt.

Nachkommenschaft und Landverheißung

Zu Abraham, Isaak und Jakob gehört die Verheißung der Nachkommenschaft (der Zukunft als Volk) und die Verheißung des Landes, im Land Kanaan (der Heimstätte).

Das Volk Israel kann aber nicht einfach sagen: Wir sind die Nachkommen Abrahams, Isaaks und Jakobs, uns gehört der Nahe Osten, das Land vom Mittelmeer bis zum Jordan und vom Libanon bis zum Roten Meer.

Welches Land und wie viel Land Israel gehört, das entscheidet nur JAHWE GOTT, nur ER allein, absolut souverän.

Das betonte z.B. auch der israelische Naturwissenschaftler, Mediziner und Religionsphilosoph Jeschajahu Leibowitz (1903-1994) in seinen Veröffentlichungen und Interviews.

Der Nahostkonflikt

Beginnen wir mit einem einfachen Beispiel: Wenn Eltern zwei Kinder haben und den beiden nur ein Spielzeug schenken, dann sind Streitereien, Probleme und Konflikte und Konflikte vorprogrammiert.

Was könnten die Kinder tun?

Sie könnten sich einigen: Wir spielen beide mit dem einen Spielzeug.

Oder sie könnten sich einigen: Zehn Minuten spielst du damit und dann ich 10 Minuten und das im Wechsel.

Oder einer von beiden sagt: Ich bin stärker als du, ich nehme das Spielzeug und du bekommst es nicht.

Der andere entgegnet: Niemals, ich werde immer und mit allen Mitteln um das Spielzeug kämpfen. Es gehört mir.

Vielleicht gibt es noch andere Möglichkeiten, aber so ähnlich geht es im Nahostkonflikt zu.

Viele Palästinenser sagen: Wir leben hier schon seit hunderten von Jahren, das Land gehört uns, „From the river to the sea" (vom Jordan bis zum Mittelmeer).

Viele Juden sagen: Das Land ist das Land unserer Vorfahren, das Land von Abraham, Isaak und Jakob, von Juda und seinen Brüdern, von König David und den Propheten, wir sind die späteren Nachkommen dieser bedeutenden Vorfahren.

Das Land wurde uns von JAHWE GOTT gegeben.

Und: Auf der ganzen Welt wurden wir verfolgt und gemordet, im zaristischen Russland und unvergleichbar mit allen anderen Pogromen und Leiden in Nazi-Deutschland.

Hier war der Tiefpunkt der menschlichen Geschichte erreicht, in der Shoah, dem Holocaust, dem etwa sechs Millionen Juden zum Opfer fielen.

Mir ist es sehr wichtig, die Erniedrigung, Verfolgung und Ermordung der Juden durch Adolf Hitler und die Nationalsozialisten, durch die Deutschen, ihre Verbündeten und weiteren Unterstützer im Dritten Reich klar und eindeutig zu benennen und immer im Gedächtnis zu behalten.

Für mich wurde hier, von 1933 bis 1945 die Macht des Bösen auf extreme Weise in und durch Menschen Gestalt.

Lüge und Mord, die Untaten des „Fürsten dieser Welt“, des Satans, des Gegners JAHWE Gottes wurden auf extreme, eschatologische Weise geschichtliche Wirklichkeit.

Die verbalen Beleidigungen, physischen und psychischen Verletzungen, Entwürdigungen, Gräueltaten und Mordtaten, die geschehen sind, sind unbeschreiblich, von nicht zu überbietender Rohheit und Gefühllosigkeit, sie schreien zum Himmel, immer, so lange es diese Welt gibt.

Es gibt viele Bücher zu dieser dunkelsten Stunde der Menschlichkeit und Menschheit.

Ich verweise beispielhaft auf Imre Kertesz „Roman eines Schicksallosen“, Eugen Kogon „Der SS-Staat“, Shlomo Venezia „Meine Arbeit im Sonderkommando Auschwitz“ und Eddie Jaku „Der glücklichste Mensch der Welt“.

Mein persönlicher Eindruck ist:

JAHWE GOTT hat diese Untaten, diese abscheulichen Verbrechen noch nicht endgültig mit den Tätern und ihren Nachkommen geklärt. Sie können von Menschenseite aus gar nicht geklärt werden, auch nicht durch milliardenfache finanzielle Wiedergutmachung.

Es gibt hier nichts, was man wieder gut machen kann.

Wenn ich an die Shoah denke, dann wird mein Herz unsagbar schwer. Ich möchte weinen, weinen, weinen und klagen und schweigen …

Darum kann ich mich auch nicht unbelastet und unbekümmert über die Bundesrepublik Deutschland freuen, als wäre nichts geschehen.

So dankbar ich bin für Demokratie, Rechtstaat und Ordnung, für Frieden und Freiheit, Bildung, Wohlstand, Meinungs- und Glaubensfreiheit, das Leben in seiner Fülle und Schönheit ist für mich nach Dachau, Warschau und Auschwitz, nach 1945 für immer vergiftet, ja vernichtet.

Hitler und seine Schergen haben etwas zerstört, das für mich auf dieser Welt nie wieder gutgemacht werden kann.

Trotzdem gilt natürlich:

Das Leben geht weiter, es muss und soll und will weitergehen solange uns Gott einen neuen Morgen schenkt.

Die Kinder und Enkel haben ein Recht auf Liebe, Ermutigung, Lachen und Spaß.

Und das gilt auch für uns alle.

Aber unbeschwert geht es für mich nicht weiter, die Vergangenheit begleitet mich mit ihren dunklen, tödlichen Schatten und, um es mit Nietzsche zu sagen: „Sie beißt der Zukunft in den Schwanz."

Antisemitismus

Der Antisemitismus ist einfach ein einziger großer Fehler.

Semiten sind genauso Menschen wie alle anderen auch, genauso wie Nichtsemiten.

Das Wort „Semit“ kommt vom biblischen „Schem“, dem ersten Sohn Noahs.

Es gibt keinen Grund gegen ihn und seine Nachkommen zu sein.

Antisemitismus muss verboten sein und rechtlich, staatlich, juristisch verfolgt und geahndet werden.

Philosemitismus

„Philos“ ist der Freund, „Philia“ die Liebe.

Es gibt Menschen, die sind „Freunde der Semiten“, das bedeutet „Freunde der Juden“.

Sie lieben Israel, das Land, das Volk, die Gemeinschaft.

Das ist aus meiner Sicht völlig in Ordnung und ihr gutes Recht.

Problematisch wird es, wenn die Philosemiten alles, was Juden und Israel tun für richtig halten, völlig kritiklos.

Damit werden sie blind für eine vernünftige, sachliche Prüfung.

Juden, die Unrecht tun, eine Straftat begehen oder schwer kriminell werden, müssen genauso behandelt werden wie Nichtjuden, die sich so verhalten.

Israel, der Staat Israel, darf und muss sich internationalen Prüfungen stellen und internationales Recht, das Völkerrecht, einhalten, wie jeder andere Staat auch.

Wenn der Staat Israel Unrecht geschehen lässt oder aktiv ausübt, z.B. Palästinensern gegenüber oder nichtjüdischen religiö-

sen Glaubensgemeinschaften gegenüber, dann muss das thematisiert, angesprochen, kritisiert und sanktioniert werden.

Genauso, wie wenn ein anderer Staat sich so verhält.

In welchem Zustand befindet sich Israel heute?

Biblisch-theologisch betrachtet befindet sich Israel heute in einem „Wartezustand".

Der politische Zionismus hat, bei all seinen Verdiensten in Demokratie, Kultur, Entwicklung und Wirtschaft, seine Grenzen.

Er steht in der Gefahr „einzutrüben", das bedeutet immer gewalttätiger, militärischer und zerstörerischer zu werden, weil aus seiner Sicht die Feinde Israels ihm keine andere Wahl lassen.

Die tödlichen Auseinandersetzungen mit der nichtjüdischen Bevölkerung, den Nachbarländern und den vom Iran gesteuerten Terrorgruppen treiben die Gewaltspirale immer weiter nach oben, bis zur Katastrophe für Israel und seine Feinde.

Leider verhalten sich weltweit viele Staaten ungerecht, denken wir an die Gefängnisse in China, die Unterdrückung Tibets und Bedrohung Taiwans, denken wir an die Straflager in Russland, an Korruption, Lüge und Mord, an die militärischen Aktionen der Türkei den Kurden gegenüber, an den Sudan und viele weitere Konfliktherde.

So lange politische Herrscher der Meinung sind, sie seien im Recht, werden sie alle Mittel einsetzen dieses Recht durchzusetzen.

Die meisten sind zu Kompromissen nicht bereit und nur sehr wenige sehen die Lage auch aus der Sicht ihrer Konfliktpartner.

Wir leben in einer gefallen Welt.

Alle, Israel und die Völker brauchen den MESSIAS, den SOHN und ERLÖSER JAHWE GOTTES.

Nur ER kann Gerechtigkeit und Frieden bringen.

Doch zurück zu Israel 1948:

Die Gründungsväter und -mütter des Staates Israel sagten: Das, was uns durch die Nazis passiert ist, passiert uns nicht noch einmal.

Wir haben jetzt in Israel eine Heimat, alle Juden können und dürfen in Israel in Sicherheit wohnen, arbeiten, genießen, lieben, einfach: Leben, in Freiheit und eigener Entscheidung leben.

Ein großer Einschnitt war der Erste Weltkrieg von 1914 bis 1918, der die Herrschaft der Osmanen beendete.

Das Gebiet das 1920 vom Völkerbund „Palästina" genannt wurde umfasste Jordanien, das Westjordanland, das heutige Israel und den Gazastreifen.

1922 endete das Osmanische Reich und die Briten bekamen vom Völkerbund das Mandat über Palästina zugesprochen.

Kurz und einfach gesagt: Die Briten versprachen beiden, den Arabern und den Juden, das eine Land.

Das konnte nicht gut gehen.

Zum Thema „Nahostkonflikt" gibt es eine Legion von Büchern.

Ich verweise auf einige besonders lesenswerte: Collins/Lapierre „O Jerusalem", Simon Sebag Montefiore „Jerusalem", Susan Abulhawa „Während die Welt schlief", Daniel Speck „Jaffa

Road" und Amal Rifa'i / Odelia Ainbinder „Wir wollen beide hier leben".

Im Augenblick, während ich diese Zeilen schreibe, im Herbst 2024, ist die Lage durch den unbeschreiblich schrecklichen Terrorüberfall der Hamas auf Israel vom 7. Oktober 2023 und den dadurch ausgelösten Gaza-Krieg mit geschätzt über 30.000 Toten und einer schrecklichen humanitären Not im Gazastreifen so eskaliert und emotionalisiert, dass eine ruhige, vernünftige, sachliche Diskussion des Themas fast ausgeschlossen ist.

Aus meiner Sicht können Menschen diesen Konflikt nicht lösen, sie können und sollen aber das Leiden lindern.

Deshalb sage ich Danke an alle NGOs, Ärztinnen und Ärzte ohne Grenzen, an alle die unter absoluter Lebensgefahr helfen und lindern, an alle, die versuchen zu deeskalieren.

Um was geht es im Nahost-Konflikt wirklich?

Im Nahost-Konflikt geht es letztlich um Jerusalem und um die Frage, was Jerusalem ist und wem es gehört.

Wie gesagt: Der politische Zionismus, der sich im Augenblick in der Regierung Israels zeigt, kann dem Anspruch, JAHWE GOTTES auserwähltes Volk zu sein, nicht gerecht werden.

Israel wartet auf den Messias

Mit dieser Einschätzung möchte ich die Leistungen des Staates Israel als Demokratie in keiner Weise schmälern.

Die Einwanderungswellen ab dem späten 19. Jahrhundert, die Flucht vor Verfolgung und Ermordung, die unfassbare Aufbauleistung der Pioniere, die Urbarmachung des Landes, die Trockenlegung der Sümpfe und die Besiegung der Malaria, der Aufbau der Wirtschaft, die Bildung und Kultur, all das verdient höchsten Respekt.

Ich sage das nicht nur so dahin, sondern „from the bottom of my heart": Ich liebe Israel, das Volk und das Land.

Ich bin Juden und Israelis von Herzen dankbar für freundschaftliche, tiefe Begegnungen und gemeinsame Projekte.

Ich fühle mich in Israel so wohl, wie sonst nirgendwo auf der Welt und habe dort die schönsten und tiefsten persönlichen Erfahrungen und Erlebnisse machen und erleben dürfen, ganzheitlich, mit Leib und Seele und besonders religiös, im Glauben, in der persönlichen Beziehung zu GOTT.

Für mich ist es eines der schönsten und größten Geschenke meines Lebens, viele Tage, Wochen und Monate im Land erlebt zu haben. Dafür bin ich von Herzen dankbar.

Und, genauso gilt: Ich liebe die Palästinenser, die Araber, die Menschen, die auch in dieses Stück Erde hineingehören und ihren rechtmäßigen Platz darin haben.

Darum „Schalom al kol Jisrael we Schalom al kol ha Gojim. Amen, Halleluja!",

„Friede über ganz Israel und über alle Völker. Amen, Halleluja!"

Die aktuelle politische Gemengelage

Israel ist umgeben von einer Autokratie in Ägypten, dem Königtum Jordanien, den Vasallenstaaten des Iran, Syrien und Libanon.

Und Israel hat tödliche Feinde, allen voran den Iran.

Welche Rolle die USA, China, Russland, Europa und andere Länder in den kommenden Tagen spielen werden, bleibt abzuwarten.

Hat Israel eine Atombombe?

Eine einfache Antwort: Wer darüber spricht, weiß nichts, und wer etwas weiß, spricht nicht darüber.

Nur JAHWE GOTT weiß, wie es mit Israel, den Palästinensern und der ganzen Menschheit und Welt weitergehen wird.

Wir machen einen harten Schnitt und wenden uns einem anderen Thema zu.

Exkurs „Literatur"

Von Kindesbeinen an zog es mich zu den Büchern.

In der einladenden Schulbibliothek, die nur wenige Meter vom Elternhaus entfernt war, fühlte ich mich so wohl.

Wenn ich mich recht erinnere begann alles mit dem Kinderbuch „Hallo, kleiner Thomas" (der Autor ist mir unbekannt), das vom Leben eines Jungen erzählte, seinem Alltag, seiner Freude über seinen Wellensittich und dem Umzug der Familie an einen anderen Ort, an dem zunächst alles fremd und ungewohnt war.

Diese Geschichte zog mich als Siebenjährigen in ihren Bann.

Hier erlebte ich zum ersten Mal, welch schöne, erfüllende, glücklich machende Bedeutung Bücher für uns Menschen haben können, wie sie uns aus unserem Alltag, unseren eigenen Gedanken und Sorgen in eine andere Welt entführen, in der andere Menschen mit ihren Lebensthemen, ihren Freuden, Leiden und Herausforderungen geschildert werden.

Ich zähle jetzt hier, ohne Anspruch auf Vollständigkeit eine Reihe von Büchern, die bei mir bleibenden Eindruck hinterlassen haben, die mich interessiert und inspiriert haben auf.

Einige haben mich auch seelisch sehr mitgenommen und extrem gefordert, wie z.B. „Ein wenig Leben" von Hanya Yanagihara oder „Garp" von John Irving oder Philip Roths „Der menschliche Makel".

Es gibt Bücher, in denen ich manche Seiten nicht noch einmal lesen möchte.

Warum? Weil die Schilderungen von sehr schlimmen Dingen, z.B. Missbrauch von kleinen Kindern, Vergewaltigungen und Morden oder entwürdigenden Sexualpraktiken mich innerlich extrem aufgewühlt, abgestoßen und belastet haben.

Auch hier gilt: „Sorge dich gut um dich selbst, lass die Finger (und Augen) von Dingen, die dir nicht guttun."

Ich denke, dass Bücher, ähnlich wie Filme (ich bin leidenschaftlicher, stundenlanger Fernseh-Junkie), die ja visuell und akustisch stark auf unser Gehirn einwirken, uns Menschen durch ihren Inhalt und die Bilder, Gefühle und Gedanken, die sie in uns auslösen in tiefen seelischen Schichten ansprechen, beeindrucken und faszinieren, aber auch erschüttern, ja traumatisieren können.

Andererseits können Literatur, Musik, Malerei, Filme, Kunst und Kultur wunderbare Bilder, Gedanken, Gefühle, Eindrücke und geistige Erkenntnisse in uns schaffen und bewirken.

Unser Leben wird bereichert und beschenkt durch sie, unser Horizont erweitert und unser Durst nach Wissen, Erleben und Erfahren wird gestillt.

Folgende Kinder und Jugendbücher, die ich mit Begeisterung gelesen habe, kommen mir in den Sinn: „Sigismund Rüstig" von Frederick Marryat, ein Geschenk meiner lieben zweiten „Dote", die als Diakonissin ihr Leben lang segensreich gewirkt hat,

„Winnetou" und etwa 30 weitere Bände von Karl May, die ich verschlungen habe,

Albert G. Miller "Fury", Eric Knight „Lassie kehrt zurück", die Comicserie „Bessy", erfunden von Willy Vandersteen und Karel Verschuere, „Die Schatzinsel" von Robert Louis Stevenson, „Der Wildtöter von James Fenimore Cooper, „Robinson Crusoe" von Daniel Defoe, „Goldlatz der Edelmarder von E. Karst, „Kein Winter für Wölfe von Kurt Lütgen und „Moby Dick von Herman Melville, Gustav Schwab „Sagen des klassischen Altertums", „Grimms Märchen", Dr. Gustav Weil „Tausend und eine Nacht" und „Brehms schönste Tiergeschichten" bearbeitet von Theodor Etzel.

Ich habe es als Kind und Jugendlicher genossen, in der warmen Stube bequem auf dem Sofa zu liegen und ungestört zu lesen.

Das war nicht selbstverständlich, denn es gab ständig etwas zu tun, genauer gesagt in irgendeinem Bereich mitzuhelfen. Die Aufforderung, das Geschirr abzutrocknen, etwas aufzuräumen oder aus dem Keller holen und manch andere Aufgabe lagen als ständige Störung des Lesegenusses in der Luft.

Grundsätzlich habe ich aber gerne mitgeholfen, z. B. beim Einkaufen oder in der Landwirtschaft.

Wir wurden an das „Schaffen" kindgemäß herangeführt, eine meiner ersten Aufgaben als Sechs- Siebenjähriger war, mit einem ausgedienten großen Messer, das keine hohe Verletzungsgefahr darstellte, Anzündholz von größeren Holzscheiten wegzuschlitzen, dünne lange Holzspäne und -stäbchen zu produzieren, die dann zusammen mit zerknülltem Zeitungspapier zum Anzündfeuer dienten. Auf dieses wurden dann größere Holzstücke und später Kohle und Briketts gelegt.

Im Bereich der Belletristik, der Romane und der Weltliteratur denke ich besonders gerne an folgende Werke zurück:

Leo Tolstois wunderbare Erzählungen aus dem Russland des späten 19. Jahrhunderts und der Jahrhundertwende, z.B. „Die Kreuzersonate", seine großartigen Werke „Anna Karenina", „Krieg und Frieden" und „Auferstehung.

Von Dostojewski las ich „Die Brüder Karamasow", „Schuld und Sühne" und „Die Dämonen".

Hier ging es in die Tiefe der menschlichen Seele mit ihren Abgründen und Höhen, hier war ich mitten im Nachdenken und Nachfühlen des Wesens des Menschen, mitten in einer seelisch-geistigen Arbeit, die mein Studium der Theologie wesentlich ergänzte und bereicherte.

Später begegnete ich der russischen Seele in Alexander Puschkins „Jewgeni Onegin" und in Edzard Schapers „Die Legende vom vierten König".

Von Johann Wolfgang von Goethe las ich „Die Leiden des jungen Werther", „Faust. Eine Tragödie" und weite Teile seiner Dichtung. Besonders wichtig ist mir „Goethe auf Reisen Begegnungen mit Landschaften und Zeitgenossen mit über 250 Stichen aus der Goethe-Zeit von Eike Pies, ein „Schmankerl" aus dem Kunst und Wohnen Verlag, Wuppertal. Der häufige Aufenthalt in den Antiquariaten Tübingens in den 70er Jahren trug eben seine Früchte, darunter sehr schöne Früchte. Leider gibt es viele dieser wunderbaren „Bücher-Stuben" schon lange nicht mehr.

Friedrich Schillers „Wilhelm Tell" war Schullektüre und bei seinen Gedichten kommen mir besonders „Das Lied von der Glocke", „Der Taucher" und „Der Handschuh" in den Sinn. Hermann Hesse beeindruckte mich durch sein „Unterm Rad" und „Peter Camenzind".

Die Lektüre der Weltliteratur half mir damals, in der Zeit der Trennung von meiner Freundin, im Schmerz und Trauern um eine verlorene Liebe, weiter zu machen, weiter zu leben.

Damals, im Alter von 21 Jahren habe ich zutiefst erkannt, dass der Verlust von lieben Menschen zum Leben gehört und dass, wenn Gott „Nein" sagt, es bei diesem „Nein" bleibt.

Wir Menschen erhalten nicht alles, was wir wollen auf dieser Erde, aber Gott meint es immer gut mit uns.

Ich hatte ja, neben der Schule, dem Gitarrespielen („Streets of London", „Home on the Range", Take Me Home, Country Roads", Leaving on a Jet Plane", You've Got a friend", „Killing Me softly with His Song", „Proud Mary", „Those Were the Days",

Janis Joplins „Me and Bobby McGee" u.v.m.), die Songs von Bob Dylan und natürlich Leonard Cohen und seine „Suzanne".

Und ich hatte, wie schon gesagt, neben dem Studium, neben zwei, drei besten Freunden, neben Reisen in die Türkei, nach Griechenland und Israel und später neben Ehe und Familie und dem geistlichen Amt die große, sehr große, weite, verlockende Welt der Literatur als beständige treue Freundin.

Mit ihr bin ich bis heute gerne und voll Freude verbunden und voll Interesse unterwegs.

So las ich im Laufe der Jahre und Jahrzehnte Jean. M. Auels „Ayla", ein Werk, das mit seinen sechs dicken Bänden einen umfangreichen, spannenden Blick in die Steinzeit, die frühe Zeit der Menschheit schenkt und, ganz nebenbei über (fast) alle Möglichkeiten und Praktiken auf sexuellem Gebiet informiert.

Ich las David Friedrich Weinlands „Rulamann", Homers „Ilias", und „Odyssee", Werke über die Vorsokratiker, Plato und Aristoteles, „Sofies Welt" von Jostein Gaarder und Richard David Precht „Wer bin ich - und wenn ja wie viele", Hans Jakob von Grimmelshausens „Simplicius Simlicissimus".

Thomas Mann gehört zu meinen Lieblingsautoren. Die „Buddenbrooks", „Josef und seine Brüder", „Das Bekenntnis des Hochstaplers Felix Krull" und „Der Zauberberg" sind einfach große Klasse und immer wieder sehr, sehr witzig und humorvoll.

Charles Dickens „David Copperfield" und „Oliver Twist", Victor Hugo (einer meiner weiteren Lieblingsautoren) und seine großartigen Werke „Die Elenden" und „Der Glöckner von Notre Dame", Theodor Fontane, der tiefe Lebenskenner mit sei-

ner „Effi Briest",„Der Stechlin" und weiteren Werken gehörten dazu, genauso wie Jochen Klepper „Der Vater".

Als Vielleser begegnete ich Selma Lagerlöf „Nils Holgersson", Günter Grass „Der Butt" und „Die Blechtrommel", George Orwell „1984", Martin Walser „Ehen in Philippsburg", Henry James „The Wings of the Dove", John Steinbeck „Jenseits von Eden", Pearl S. Buck „Die gute Erde", James A. Michener „Die Quelle", Norman Mailer „Die Nackten und die Toten", Ernest Hemingway „Wem die Stunde schlägt" und „Der alte Mann und das Meer", Boris Pasternak „Doktor Schiwago", John Steinbeck „Jenseits von Eden", Margaret Mitchell „Vom Winde verweht", Leon Uris „Exodus", Robert James Waller „Die Brücken am Fluss", Martin Mosebach „Westend", Ken Follett „Die Säulen der Erde", Dan Brown „Der Da Vinci Code", Heinrich Böll „Wo warst du Adam?" und „Frauen vor Flusslandschaft", Frank McCourt „Die Asche meiner Mutter", Milan Kundera „Die unerträgliche Leichtigkeit des Seins", William Faulkner „Licht im August"

Und all die großartigen jüdischen Autoren:

Abraham B. Jehoshua „Die fünf Jahreszeiten des Molcho", Bücher von Amos Oz, Ralph Giordano „Israel, um Himmels willen, Israel", Michal Zamir „Das Mädchenschiff", Zeruya Shalev „Schmerz", „Liebesleben" und „Schicksal", Eskol Nevo „Neuland", Ayelet Gundar-Goshen „Wo der Wolf lauert", „Eine Nacht, Markowitz" und „Löwen wecken", Aharon Moshel „Die Viper", Hans-Rosenthal „Zwei Leben in Deutschland", Michael Degen „Nicht alle waren Mörder. Eine Kindheit in Berlin", Viktor E. Fankl „... trotzdem Ja zu Leben sagen", Jehuda Bacon, Manfred Lütz „Solange wir leben, müssen wir uns entscheiden.", Anne Frank „Tagebuch", die liebe Batya Gur „Denn am Sabbat sollst du ruhen", ein Buch das in einem wunderbaren Crash-Kurs das Wesen der Psychotherapie erklärt und die Wahrheit über das Wesen des Menschen eindrücklich zur Sprache bringt. Deborah Feldman „Unorthodox", Martin Buber „Der Weg des Menschen.

Erwähnt werden muss aber auch das Werk der Palästinenserin Susan Abulhawa „Während die Welt schlief" („Both sides of the story" sind wichtig).

Weiter Gabriel Garcia Marquez „Liebe in den Zeiten der Cholera", Rohinton Mistry „Das Gleichgewicht der Welt", Orhan Pamuk „Rot ist meine Name", Honoré de Balzac „Glanz und Elend der Kurtisanen", „Der Landarzt", Eugénie Grandet", Alexandre Dumas d. Ältere „Der Graf von Monte Christo", Emile Zola „Nana", James Joyces „Ullysses", Jurek Becker „Jakob der Lügner", Lion Feuchtwanger „Jud Süß" und „Der jüdische Krieg", Franz Werfel „Höret die Stimme" und „Die vierzig Tage des Musa Dagh", der feine Julien Green „Von fernen Ländern" und „Die Sterne des Südens", Harry Mulisch „Die Entdeckung des Himmels", Daniel Kehlmann „Die Vermessung der Welt", Nathaniel Philbrick „Mayflower", Elizabeth Gilbert „Eat, Pray, Love" und Fang Fang „Wütendes Feuer", Megha Majumdar „In Flammen", Delia Owens „Der Gesang der Flusskrebse", Konrad Boguslaw Bach „Der Wisent", Monica Ali „Liebesheirat" und Ian Mc Ewan „Lektionen".

Marcel Reich-Ranicki verdanke ich zahlreiche Tipps für lesenswerte Bücher, so z.B Henryk Sienkiewicz „Quo vadis", „Ein Kampf um Rom" von Felix Dahn und Max Frisch „Homo faber" und Anna Seghers „Das siebte Kreuz".

Reich-Ranickis Buch „Mein Leben" hat mich auch sehr angesprochen und berührt.

Ich war, oft schockiert, in den Welten von Philip Roth „Der menschliche Makel", Manès Sperber „All das Vergangene", Juli Zeh „Spieltrieb", „Unterleuten", „Von Menschen" und weitere ihrer Bücher.

Natürlich gehörte der Tübingen Autor Peter Prange mit seinem Buch „Das Bernstein-Amulett" und seinen weiteren Werke dazu, in denen er historisch sehr genau und inhaltlich unterhaltsam, anregend und spannend Geschichte lebendig werden lässt, erwähnt werden muss unbedingt Sebastian Fizek, besonders seine humorvoll-tiefsinnigen Bücher „Der erste letzte Tag" und „Elternabend", Martin Suters „Melody" und Paul Austers „Baumgartner".

Ein Musterbeispiel dafür, wie ein Buch eine ganze Welt erzählen und vor dem inneren Auge lebendig werden lassen kann ist Gerald Durrells wunderbares „Meine Familie und andere Tiere", in herrlichem Stil „very british" geschrieben.

Im Bereich der politisch-historischen, religiös-theologischen, philosophischen und psychologisch-psychotherapeutischen Fachliteratur, in weiteren wissenschaftlichen Bereichen und unter den Büchern über bedeutende, herausragende Persönlichkeiten (Biographien) beeindruckte mich besonders Leo Baeck „Das Wesen des Judentums" und die Romanbiographie von Waldtraut Lewin „Leo Baeck Geschichte eines deutschen Juden", Erich Fromm „Die Kunst des Liebens", Elie Wiesel „Die Nacht zu begraben, Elischa", Thomas de Padova „Allein gegen die Schwerkraft Einstein 1914-1918, John Boyne „Der Junge im gestreiften Pyjama" und „Als die Welt zerbrach", Stefan Zweig „Sternstunden der Menschheit" und „Schachnovelle", Alexander Solschenizyn „Der Archipel Gulag".

Sehr angesprochen hat mich Ruth C. Cohn als Mensch und durch ihre Bücher (zusammen mit Alfred Farau bis zu dessen Tod) „Gelebte Geschichte der Psychotherapie“, „Von der Psychoanalyse zur themenzentrierten Interaktion“, und „Es geht ums Anteilnehmen“.

Sie ist eine meiner „Seelsorgerinnen“ und „Seelenfreundinnen“ und gehört zu den Persönlichkeiten, die in meinem Herzen einen ganz besonderen Platz haben.

Den Großmeister der Psychoanalyse wollen wir nicht vergessen und das herausragende Buch über ihn „Sigmund Freud. Sein Leben in Bildern und Texten“ herausgegeben von Ernst Freud, Lucie Freud und Ilse Grubrich-Simitis.

Allgemein und ganz grundsätzlich zu meinem Vertiefen des Wissens und Verstehens im Bereich Judentum, jüdisches Denken und Glauben und Israel gehört, dass ich über 30 Jahre die „Jüdische Allgemeine “ abonniert hatte und zu deren genauen Lesern gehörte.

Zum Thema „Psychologie und Kommunikation“ gehörten Friedmann Schulz von Thun mit seinem dreibändigen Klassiker „Miteinander reden“ und Roger Fisher, William Ury, Bruce Patton „Das Harvard Konzept“.

Diese Bücher waren mir eine große Hilfe im Pfarramt mit seinen unzähligen Gesprächen, in denen es oft um Konflikte und das Ringen um Lösungen ging und in denen ich versuchte, mich und meine Gesprächspartner zu verstehen und, wenn möglich mir und ihnen zu helfen.

Oft ist dies gelungen, manchmal mussten wir uns eingestehen „Wir sind uns einig, dass wir uns nicht einig sind“. Und manchmal ging es einfach schief.

Mit den Atheisten, z.B. Friedrich Wilhelm Nietzsche habe ich mich, gerade auch als Theologe intensiv beschäftigt und viel von ihm mit bleibenden Eindrücken gelesen.

Er selber sagte ja, dass man sich an seinem Denken „verkühlen" könne und ich habe mir manche „Erkältung des Geistes und der Seele" bei ihm geholt.

Aber vor allem geht es mir ihm gegenüber um das Anteilnehmen, um das Mitfühlen mit seiner, wie Thomas Mann es sagte, „tragischen" Persönlichkeit".

Ich denke dabei an die schreckliche Krankheit seines Vaters und seinen eignen langen Weg in geistiger Umnachtung.

Markante Atheisten und die Auseinandersetzung mit ihnen gehören in mein Leben hinein und, um es mit Worten des bekannten Tübinger Professors Jürgen Moltmann in einer seiner Vorlesungen zu sagen: „Durch den Feuerbach (Ludwig Feuerbach, 1804-1872, Philosoph, Anthropologe, Religions- und Idealismuskritiker) müssen Sie (als Theologen und angehende Pfarrer) geschwommen sein."

Ich „schwamm" durch das Denken vieler kritischer Geister, von Charles Darwin über Stendhahl (Marie-Henri Beyle) zu Jean-Paul Sartre, Stephen Hawking, Richard Dawkins und Alfred Grosser.

Dabei wurde mir klar: Jeder Mensch geht seinen Weg, muss seinen Weg gehen, jeder hat „recht" aus seiner Sicht, jeder Mensch hat seine Erkenntnisse, Einsichten, Fragen seine Bestimmung.

Der Glaube, das JAHWE GOTT-Vertrauen, trotz aller Widrigkeiten, allen Leids und aller Ungerechtigkeit hier auf Erden, ist ein Geschenk, ist Berufung, Erwählung und Bestimmung.

Und ER, JAHWE GOTT kommt sicher mit all seinen Geschöpfen klar, gerade auch mit seinen Kritikern, Gegnern und Leugnern.

Eine Erkenntnis und Weisheit des großen Philosophen Hans Georg Gadamer, die er als ca. 90jähriger einem neunjährigen Mädchen auf ihre Frage „Was ist das ganze Leben überhaupt?" gegeben hat, hat mich tief beeindruckt: „Das ist alles ein Geheimnis, ein ganz großes Geheimnis."

Alles hier auf Erden, im Kleinen und im Großen, das ganze Universum, alles ist ein großes Geheimnis und auch wir Gläubigen werden sicher nach der Zeit hier auf Erden unsere Überraschungen erleben.

Unsere Aufgabe als Christen und unser Ziel ist es auf der Basis des vollkommenen Vertrauensverhältnisses zu Gott mutig zu sein und uns und unsere Mitgeschöpfe zu lieben, geduldig mit großer innerer Kraft und Einstellung und dabei vor allem gütig zu sein, nachsichtig und verständnisvoll.

Denn wir alle sind sündige, ihr Ziel verfehlende, verletzliche, begrenzte, vergängliche, sterbliche Wesen.

Für uns alle und alles gilt: „Sola gratia."

Der innere Dialog, das Gespräch mit den hellen und dunklen Gesprächspartnern in uns selber, begleitet mich mein Leben lang.

Es ist wichtig, auch mit ihnen, unseren eigenen „Dämonen" verständnisvoll und akzeptierend umzugehen, sie gehören zu uns, auch wenn wir sie freundlich und deutlich auf ihre Plätze verweisen und ihnen klarmachen, dass sie nicht das letzte Wort über uns und andere haben.

Eine große Hilfe im Nachdenken über das eigene Leben mit seinen Fragen und Herausforderungen war und ist für mich Stefanie Stahls Buch „Das Kind in dir muss Heimat finden".

Thomas Anthony Harris „Ich bin o.k.- Du bist o.k." wurde mir auch sehr wichtig, wobei ich den Titel gerne in „Ich bin durch Jesus o.k. - Du bist durch Jesus o.k." verändern würde.

Beim Thema „Angst" hatte ich lange Zeit „Angst" Fritz Riemanns „Grundformen der Angst" zu lesen, habe es aber schließlich mit großem Gewinn doch getan und vieles aus meinem Leben darin entdeckt.

Ganz aktuell bin ich beeindruckt von Sarah Kuttners „Mängelexemplar", das anschaulich, offen und ungeschminkt die Welt unserer oft kranken Psyche beschreibt. Eines steht für mich fest: Schreiben kann die Frau, welch ein Sprachwitz bei solch einem ernsten Thema. Capeau!

Für den Bereich der Medizin verweise ich auf Giulia Enders „Darm mit Charme" und ihren Tipp, den sie von einem ihrer Professoren erhalten hat: „Stellen Sie Ihre Bettmatratze im Kopf- und Fußbereich leicht erhöht ein."

Im Ruhestand interessierten mich vor allem Bücher über herausragende, berühmte Persönlichkeiten. So las ich z. B. John Vermeulens Roman über Leonardo da Vinci „Der Maler des Verborgenen", Tim Blanning „Friedrich der Große", John Willliams „Augustus", Rüdiger Safranski „Goethe" und „Schiller", Adam Zamoyski „Napoleon", Dorothea Leonhart „Mozart", Heiger Ostertag „Abgründe der Macht Ein Bismarck-Roman", Julia Baird „Queen Victoria", Jens Johler „Die Stimmung der Welt – Der Bach-Roman", Martin Geck „Beethoven", Hans-Ulrich Thamer „Adolf Hitler" (Wer war wohl sein Großvater mütterlicherseits?), Wolfgang Pelzer „Janus Korczak" , Hillary

Mantels Trilogie über „Heinrich den VIII. und Thomas Cromwell“, Maya Angelou „Ich weiß, warum der gefangen Vogel singt“.

Seit den 2010er Jahren beschäftigen mich die Themen Globalisierung, Klimawandel, Wohlstand und Armut und Ernährung stark.

Jonathan Safran Foer „Wir sind das Klima“ bewirkte bei mir zunächst keine persönlichen Veränderungen. Ich dachte, dass seine Forderung nach einem weltweiten Verzicht auf Fleischgenuss illusorisch sei.

Seit 2023 bin ich aber Veganer und fühle mich mit der pflanzlichen Ernährung und den notwendigen Zusatzstoffen wie Vitamin B12 und Omega-3-Fettsäuren (z.B. aus Rapsöl oder Nüssen) sehr wohl.

Fachleute wie Niko Rittenau und sein Klassiker „Vegan-Klischee ade!“ lieferten mir neben der moralisch-ethischen Seite (unbeschreibliche Tierquälerei in der Massentierhaltung, Amazonas-Rodungen, damit Soja für die Ernährung der Tiere angebaut werden kann) belastbare Fakten und Argumente aus der Ernährungswissenschaft.

In den Jahren davor hatte ich Bas Kast „Der Ernährungskompass“ gelesen, war aber oft in alte Verhaltensmuster mit „zu viel vom Falschen (Salz, Fett, Zucker) und zu wenig vom Richtigen (Ballaststoffe, Obst, Gemüse Hülsenfrüchte, Vollkornprodukte und Nüsse)“ zurückgefallen.

Aktuell beeindruckt mich der Psychotherapeut Peter Matthias Wehmeier und sein Buch „Globale Psychose“, das ich nur wärmstens weiterempfehlen kann.

Herfried Münkler wirft einen tiefen, fachkundigen Blick in das Wesen der Geschichte, der Völker und Machtkonstellationen in seinem recht umfangreichen Werk „Welt in Aufruhr – Die Ordnung der Mächte im 21. Jahrhundert.

Die Geschichte der Menschheit von der frühen Steinzeit an spricht mich an, gerade auch im Blick auf Sexualität.

Ich erinnere mich an einen Geschichtsband aus meinen Kindertagen, ein Geschenk der Bank für fleißige kleine Sparer mit einfachen Texten und bunten Bildchen, darunter Menschen aus der Steinzeit, spärlich mit Fellen bekleidet und unzähligen Erlebnissen, Erfahrungen und Geschehnissen aus dem weiten Feld von Frühgeschichte, Geschichte im historischen Sinn und Politik.

Es ist das Staunen und Berührt-Sein von Gedanken, Worten, Taten und das Tief-beeindruckt-Sein von Schriftstellerinnen und Schriftstellern, die in jahre- und jahrzehntelangem geistigem Arbeiten Welten entstehen lassen, die ihre Leserinnen und Leser mitnehmen, informieren und bilden, zum Nachdenken anregen und das Rätsel und Geheimnis des Lebens hier auf Erden erahnen lassen.

Im Bereich „Lesen" habe ich wirklich dicke Bretter gebohrt, sehr dicke, weil ich es wollte.

Ich schließe das Thema „Literatur" mit einem Blick in die Theologie ab.

Das Wort „Studieren" stammt vom lateinischen „studeo", und bedeutet wörtlich „sich (eifrig) um etwas bemühen", „etwas (mit Leidenschaft) betreiben", „sich (mit aller Kraft) auf etwas verlegen", „auf etwas (von ganzem Herzen) bedacht sein".

Glücklich die Menschen, die solch eine Lebensaufgabe gefunden haben!

Das „Sich eifrig um etwas Bemühen" bedeutet in der Theologie vor allem lesen, viel, sehr viel lesen, alte, heilige Texte, und sie zu übersetzen, aus dem Hebräischen, Altgriechischen, Lateinischen, und natürlich vorher diese Sprachen zu erlernen und die Prüfungen zu bestehen.

Halbwissen hilft auf keinem Gebiet, und das gilt ganz besonders für das Gebiet der Theologie.

Im Theologiestudium sind wir mitten in den Geisteswissenschaften und wir schulen und trainieren unser Denken durch das Hören von Vorlesungen, Mitdenken in Seminaren, Verfassen von eigenen Arbeiten und das ständige Bereitsein zu reflektieren, Neues zu lernen, Erfahrungen und Erlebnisse im persönlichen Bereich zu integrieren und, wenn irgend möglich auch einen Ausgleich zu all der geistigen Arbeit zu finden, z.B. im Sport, um nicht zu verkopft zu werden.

Ich war das körperliche Arbeiten gewohnt und machte von Kindesbeinen an gerne Sport, ein bisschen Leichtathletik und Fußball.

Vor allem aber liebte ich stundenlange Spaziergänge und war ganze Tage zu Fuß unterwegs vom Heimatort hinauf auf die Alb, an einer Feuerstelle ein Halt mit etwas Gutem zu Essen und zu Trinken und gegen Abend erschöpft aber zufrieden heimzukommen.

Neben dem „Lesestudium“ ist das Theologiestudium auch ein „Lebensstudium“.

Professorinnen und Professoren, Doktorandinnen und Doktoranden, die Mitstudierenden, mit denen man teilweise Freundschaften schloss und gemeinsam lernte und später die vielen, vielen Menschen in den Gemeinden, von Dekanen und Prälaten über Ausbildungspfarrerinnen und -pfarrer, die Kolleginnen und Kollegen und die Gemeindeglieder von den Kindern im Kindergarten über die Schule zu den Konfirmandinnen und Konfirmanden, ihren Eltern, Jung und Alt, Tauffamilien, Ehepaare, bis zu den Seniorinnen und Senioren, alle gehörten mit hinein in den bunten Kosmos des menschlichen Lebens, der mich jahrzehntelang umgab.

Es ging um „Begegnungen“ und die Wahrheit von Martin Bubers Wort „Alles Leben ist Begegnung“ erlebe ich bis heute.

Sehr oft ging es um die letzte Begegnung, den Abschied hier auf Erden, das Würdigen eines gelebten Lebens, das Anteilnehmen und das Begleiten der Angehörigen und Hinterbliebenen auf dem Weg der Trauer und des Loslassens.

Ich bin von Herzen dankbar, das JAHWE GOTT, unser Vater im Himmel, mir schwachem angstkranken Menschen die Kraft gegeben hat, weit über 600 Menschen auf ihrem letzten Weg zu begleiten, am Krankenbett zu besuchen und nach ihrem Tod die Trauergespräche zu führen die Angehörigen auf dem Weg der Trauer und des Loslassens zu begleiten.

Die Heilige Schrift, mit ihrem Kanon von Mose bis zur Offenbarung des Johannes, ist die einmalige und einzigartige Basis des Theologiestudiums.

Alle weitere Literatur, gerade im theologisch-wissenschaftlichen und mystisch-spirituellen Bereich ist dem Kanon des Alten und des Neuen Testamentes nach- und unterzuordnen.

Nach ihr, nach der HEILIGEN SCHRIFT, der Botschaft des Alten und des Neuen Testaments, reihen sich die „Apostolischen Väter", die Briefe des Ignatius und Polycarps, die „Kirchengeschichte des Eusebius" und die so persönlichen und erschütternden „CONFESSIONES – BEKENNTNISSE" des Augustinus und viele, viele weitere Werke ein.

Das Studium der Evangelischen Theologie gliedert sich in die fünf Hauptbereiche Altes Testament, Neues Testament, Kirchengeschichte, Systematische Theologie und Praktische Theologie.

Ich zähle bunt durcheinander einige Klassiker auf, die ich (und sicher viele meiner Kolleginnen und Kollegen) gelesen habe(n):

Martin Luther ist Pflichtlektüre und ich denke an die wunderbare Arbeit von Reinhold Rieger „Von der Freiheit eines Christenmenschen – De libertate christiana" in der er diese Schrift von Luther hervorragend präsentiert und kommentiert.

„Luthers Werke" liegen in Auswahl in der bekannten Ausgabe von Otto Clemen vor und dem Großvater meiner Frau, der auch Pfarrer war, verdanke ich den sehr schönen Bildband „Lebensbilder Martin Luthers" von Hellmut Diwald und Karl-Heinz Jürgens.

Aus der Fülle der Bücher über Luther nenne ich „Martin Luther – Leben und Glaube" von Hans Mayer und Richard Friedenthal „Luther – Sein Leben und seine Zeit".

Ein wunderbares, grundsätzliches Werk stellt „Der Weg des protestantischen Menschen" von Willy Bremi dar, in dem er Persönlichkeiten von Luther bis Albert Schweizer nachzeichnet.

Den großen, hochbegabten Reformator von Württemberg, Johannes Brenz, lernen wir in dem Bildband „Johannes Brenz und die Reformation in Württemberg" von Hans-Martin Maurer und Kuno Ulshöfer eindrucksvoll kennen und Bruno Preisendörfer hat mit seinem Buch „Als unser Deutsch erfunden wurde – Eine Reise durch die Lutherzeit" wirklich einen Beststeller verfasst.

Eines meiner Lieblingsbücher zum Thema „Reformation" ist die Aufsatzsammlung „Das Jahrhundert der Reformation – Gestalten und Kräfte", von Heinrich Bornkamm, in dem jeder einzelne Aufsatz ein Goldstück und Meisterwerk ist.

Unbedingt erwähnt werden muss natürlich Philipp Melanchthon, z.B. das Büchlein „Philipp Melanchthon 1497-1560 Sein Leben" von Georg Urban.

Der weite Bereich der exegetischen Literatur ist für Theologinnen und Theologen und Pfarrerinnen und Pfarrer Grundbestand der theologischen Arbeit und dient zur Predigtvorbereitung und vielen anderen Diensten als Grundlage.

Erwähnen möchte ich Klassiker wie „AN DIE RÖMER" von Ernst Käsemann, „DER RÖMERBRIEF" von Karl Barth und Rudolf Bultmanns „JOHANNESEVANGELIUM".

Das ist Geisteswissenschaft des 20. Jahrhunderts vom Feinsten und auf höchstem Niveau.

Natürlich wie jede wissenschaftliche Arbeit zu prüfen und kritisch zu hinterfragen. Aber am Anfang steht ja immer die Aufgabe, das Gesagte und Gedachte zu verstehen.

Aus der dunkelsten Zeit der Nazidiktatur leuchtet Dietrich Bonhoeffers „WIDERSTAND UND ERGEBUNG“ in der Herausgabe von Eberhard Bethge heraus und immer lesenswert ist seine „Nachfolge“.

Wie ist die Bibel zu verstehen?

Diese Frage beschäftigte mich intensiv und sie tut das bis zum heutigen Tag.

Die überzeugendste Antwort fand ich in den Werken von Hartmut Gese, dem hochgelehrten Tübinger Alttestamentler.

Seine Bücher „VOM SINAI ZUM ZION“, „Zur biblischen Theologie“ und Alttestamentliche Studien“ habe ich nicht nur gelesen, sondern in den Zeiten meines Ruhestandes von 2017 bis 2023 auf ca. 1000 Seiten in den PC abgeschrieben und ihre wichtigsten Inhalte in einem „WÖRTERBUCH DER BIBLISCHEN THEOLOGIE“ in alphabetischer Reihenfolge angeordnet. Dieses umfangreiche Werk darf ich aus Copyright-Gründen nicht veröffentlichen.

Insider kennen Leo Baeks „Das Wesen des Judentums“ von 1905 und Adolf von Harnacks „Das Wesen des Christentums“ von 1929.

Für mich enthalten Hartmut Geses 38 Aufsätze in seinen oben genannten Büchern nichts Geringeres als „Das Wesen der Bibel“.

Neben Gese hörte ich Herbert Donner, Hans-Peter Rüger, Hans Küng, Heiko Obermann, Peter Stuhlmacher, Martin Hengel,

Jürgen Moltmann, Eberhart Jüngel und viele weitere wirklich hoch Gelehrte.

Erwähnt werden muss im Bereich der theologischen Literatur der von seinem Umfang her kleine, was seinen Inhalt betrifft aber große Klassiker „Das Heilige“ von Rudolf Otto und das wunderbare Buch „WEISHEIT IN ISRAEL“ von Gerhard von Rad.

Ich bin begeistert über so viel Geistesfülle und Erkenntnis, ich lerne für mein Leben gern und ernähre mich geistig-geistlich an diesen Größen der Theologie.

Zu ihnen gehört auch Helmut Thielicke und seine sehr ansprechenden, offenen biographischen Erinnerungen „Zu Gast auf einem schönen Stern“ und besonders Helmut Gollwitzer und sein anrührendes und erschütterndes Buch „... und führen, wohin du nicht willst – Berichte einer Gefangenschaft“.

Er bezeugt auf sehr eindrückliche Weise, wie wichtig unsere Entscheidungen um des Glaubens willen sind.

Er wurde von kommunistischen Führungspersonen angefragt, ob er bei ihnen im Kommunismus mitmachen wolle und hätte als deren Mitarbeiter sofort das Gefangenenlager verlassen können, aber er wusste, wem er gehörte und er wusste um Lug und Trug auf kommunistischer Seite und wählte weiterhin das Los der Gefangenschaft.

Erwähnen möchte ich auch sein Opus magnum „Krummes Holz – aufrechter Gang“.

Sein Sozialismus im Geiste des Lukasevangeliums spricht mich an, obwohl ich meinen Glauben mehr persönlich bürgerlich ge-

lebt habe und an keinen politischen kritischen Aktionen, z. B. Sitzblockaden in der Öffentlichkeit teilgenommen habe.

Auch der Bereich Seelsorge war für mich von großer Bedeutung.

Ich nahm zahlreiche Angebote der Weiterbildung wahr, bis zur zertifizierten „Fortbildung in seelsorgerlicher Praxis (FSP)" in Stuttgart, bei der es in einem Zeitraum von eineinhalb Jahren mit wöchentlichen Treffen in einem gleichsam klinisch-reinen Vertrauensraum zusammen mit 10 Teilnehmerinnen und Teilnehmern unter fachlicher Begleitung und Leitung um Selbsterfahrung, Fallsupervision, Theorie und Konzentrative Bewegungstherapie (KBT) ging.

Das Geheimnis des menschlichen Lebens begleitet mich, ich habe so manches davon erfahren und war oft überrascht über emotionale und verbale Reaktionen bei mir und anderen, wenn „neuralgische" Themen angesprochen wurden, wenn ich oder andere „getriggert" wurden.

So besondere Bücher wie das von Elisabeth Kübler-Ross mit dem Titel „Interviews mit Sterbenden" las ich nachdenklich mit bleibendem Gewinn.

Im Bereich der Praktischen Theologie ging es bei allem „Learning by doing" und allen persönlichen Gaben und Charismen auch darum, unter Anleitung durch Fachleute zu lernen, wie man vor Menschen zu stehen und zu wirken hatte, wie man liturgische Texte angemessen und gut las, wie man als Prediger sprach, grundsätzlich darum, wie man als geistliche Person wirkte und sich weiterentwickeln konnte.

Der gelebte Glaube, die Spiritualität war und ist für mich von existenzieller Bedeutung.

Schwestern und Brüder aus der „Wolke von Zeugen" begleiteten mich und tun dies bis heute. Ich denke an Maria Amata Neyers „EDITH STEIN", oder im Bereich der Romane an Schalom Aschs „JESUS – Der Nazarener", an Bücher über und von Theresa von Avila und an Adolf Holl „Der letzte Christ. Franz von Assisi", an Pierre Stutz und sein „geborgen und frei – Mystik als Lebensstil" und an die Bücher von Richard Rohr, z.B.: „Der befreite Mann" und an Emmanuel Jungclaussens „Aufrichtige Erzählungen eines russischen Pilgers".

Außergewöhnlich tiefe Gottesgedanken wurden dem weltberühmten Geigenbauer Martin Schleske geschenkt, so z.B. in seinem Andachtsbuch für jeden Tag des Jahres „Werk/Zeuge".

Meinem CVJM-Vorstand aus der Jugendzeit verdanke ich Besuche bei den Marienschwestern in „Kanaan" Darmstadt und den Büchern ihrer Mitgründerin Mutter Basilea Schlink.

Welch eine Bandbreite und Vielfalt umfasst Gottes Wirken an Menschen und durch Menschen!

In der Dogmatik gehört es dazu, dass man Karl Barths „Dogmatik" gelesen hat, wenigstens Band I,1.

Und als Tübinger Studierender sollte man Eberhard Jüngels „Gott als Geheimnis der Welt" Satz für Satz durchgearbeitet haben.

Hier geht es um das Denken, das konzentrierte theologisch-philosophische Denken, das absolut konzentrierte Denken und wer dazu nicht bereit ist, sollte sich so Professor Jüngel wörtlich fragen, ob die Theologie wirklich seine Lebensbestimmung ist.

Natürlich darf ein anderer großer Tübinger nicht vergessen werden:

Jürgen Moltmann und seine „Theologe der Hoffnung" und viele weitere tiefsinnige und ermutigende Veröffentlichungen, wie z.B. „Im Ende - der Anfang. Eine kleine Hoffnungslehre".

Der katholische Theologe Karl Rahner beschäftigte mich in einem Hauptseminar mit seinem großen Werk „Grundkurs des Glaubens" und schenkte mir wirklich eine Einführung in den Begriff des Christentums.

Ich stimme ihm zu: Die Zukunft der Kirche ist mystisch, sich der biblischen Überlieferung zuwendend, Gebetszeiten praktizierend und aus dem Hören der Heiligen Schrift und der Stille kommend vertrauensvoll, mutig und liebevoll zu leben und zu sein.

Bei den Tübinger Geistesgrößen möchte in dankbarem Gedenken Frau Professorin Luise Abramowski erwähnen, eine herausragende Kennerin der frühen Kirche, mit der mich durch ein Seminar über „Polycarp von Smyrna" eine freundschaftliche Verbundenheit verband.

Da mein Freund in Izmir wohnte, konnte ich von einer Reise mit ihm in seine Heimatstadt Dias des „Alten Izmir" und viele Bilder von Skulpturen von antiken Gestalten im Seminar in zeigen und so zur Belebung und Veranschaulichung von Geschichte und Gegenwart beitragen.

Natürlich erlebte ich, wie schon erwähnt, die Neutestamentler Peter Stuhlmacher und Martin Hengel, bei dem ich einige Semester als wissenschaftliche Hilfskraft arbeitete und der mich ermutigte bei ihm zu promovieren.

Ich lehnte ab, weil es mich, bei aller Wertschätzung der theologischen Wissenschaft und der Universität, mehr zu den Menschen im Allgemeinen zog, zu ihrem alltäglichen Leben, in ihren Häusern und Familien, Berufen und Beziehungen.

Gerne denke ich auch an den Professor für Kirchengeschichte Heiko Augustinus Obermann und sein hervorragendes Werk „Werden und Wertung der Reformation" und den leider früh verstorbenen Klaus Scholder und seine umfangreiche Arbeit zu „Die Kirchen und das Dritte Reich".

Er war es, der uns Neuankömmlinge im Herbstsemester 1975/1976 mit der für mich recht überraschenden und irritierenden Feststellung „Es herrscht kein Friede an der Fakultät" begrüßte.

Er meinte wohl die politische und theologische spannungsvolle Lage in den Zeiten der RAF und der historisch-kritischen Hochphase.

Ich dachte, dass an einer theologischen Fakultät im geschwisterlichen, geistlichen, liebevollen Sinn geforscht und gearbeitet würde.

Das alles sind nur einige wenige Büchern und Eindrücke aus dem Bereich der Theologie und des Theologiestudiums in der zweiten Hälfte der 70er Jahre.

Der Blick über die eigene Religion und den eigenen Glauben hinaus gehörte für mich selbstverständlich dazu.

Ich habe den Koran auf Deutsch ganz gelesenen, gründlich und mit vielen Kommentaren meinerseits.

Ich denke, das gehört sich einfach für einen Theologen.

Wichtig wurden mir die Bücher von Hans Küng, besonders der sehr schöne Bildband mit wertvollen Texten „Spurensuche –

Die Weltreligionen auf dem Weg" und die Veröffentlichungen von Jörg Zink, z.B.: „Tief ist der Brunnen der Vergangenheit. Eine Reise durch die Ursprungsländer".

Mit dem Judentum bin ich bekanntlich schon Jahrzehnte verbunden und Leo Baecks „Das Wesen des Judentums" ist eines meiner Lieblingsbücher und er einer meiner (weiteren) Lieblingsmenschen zusammen mit Ruth Cohn und Ruth Westheimer.

Sie gehören zu den Menschen, die mir einfach guttun, mein Herz frei werden lassen, Menschen durch die ich tief durchatmen kann, Lebensmut bekomme, wenn ich nur an sie denke.

Stellvertretend für so viele verfolgte und ermordete Jüdinnen und Juden in der Nazi-Zeit erwähne ich die holländische Schriftsellerin und Mystikerin Etty Hillesum (1914-1943, ermordet in Auschwitz), deren Tagebücher und Briefe jetzt in einer Gesamtausgabe in Deutsch erschienen sind.

Ihre tiefe Spiritualität und große Sehnsucht, traumatisierten Menschen zu helfen und die vielfälltige Not zu lindern, speiste sich aus Gesprächen und Begegnungen, aus Büchern, Naturerfahrungen, Stille und vor allem aus dem Gebet.

Es fehlen mir die Worte, wenn ich an das Leiden so vieler wunderbarer Menschen denke und daran, dass sie kaltherzig ermordet wurden.

Als Theologe habe ich mich durch eine dicke Dogmatik gekämpft und so manche Kirchengeschichte gelesen.

Auch im Bereich der Praktischen Theologie gab es einige elementare Werke, aber am Ende steht man mit seiner Persönlichkeit vor den Menschen und hat das Amt der Verkündigung auszuführen.

Philosophen wie Sören Kierkegaard haben mir viel Kraft beim Lesen und dem Versuch, sie zu verstehen, abverlangt.

Doch nun endlich weiter mit meinem Reisebericht:

Ich näherte mich Nazareth, fand eine Parkplatz in der Nähe des Brunnens der Maria, setzte mich kurz auf eine Steinbank in den Schatten um anzukommen und ging dann vorbei an arabischen Einwohnern und Scharen von israelischen Soldaten zur orthodoxen Gabrielskirche. Diese Kirche bedeutete mir damals mehr als die viel größere Verkündigungskirche, die größte Kirche in Israel, die ein Geschenk des Staates Israel an die Christen aller Konfessionen ist. Die orthodoxe Gabrielskirche war erfüllt von Ikonen und Leuchtern. Im hinteren Bereich ließ ich das Schöpfgefäß in die Tiefe eines Steinschachtes und trank vom Wasser aus dem Dorfbrunnen Nazareths. Hier war nach orthodoxer Überlieferung der Erzengel Gabriel Maria zuerst erschienen.

Auf der Hauptstraße fuhr ich weiter Richtung Tiberias, wieder begleitet von einigen Mitfahrern. Es war so schön, durch die hügelige Landschaft Untergaliläas zu reisen, durch Gegenden, in den Jesus sich aufgehalten hatte, durch Kafr Kana und weiter, dem See Genezareth entgehen.

Plötzlich tauchte er auf, tief unten im syrisch-jordanischen Graben liegend, 212 Meter unter dem Meeresspiegel und ich konnte nicht anders als immer wieder „Tov meod, Jam Kinnereth", „Tov meod" zu rufen.

Natürlich meinte ich „sehr schön“, tov jafe“, aber das Wort für gut „tov“ ging mir leichter von den Lippen und war mir viel vertrauter.

Da lag er, der einzigartige unter den Seen dieser Erde, über 200 Meter unter dem Meeresspiegel, gut 20 Kilometer lang, 10 Kilometer breit und teilweise fast 50 Meter tief. Er war und ist nicht nur überwältigend anmutig und schön, sondern auch sehr nützlich und überlebensnotwendig für den Staat Israel, seine Bürger und alle Menschen, die in seinem Einzugsgebiet leben. Er ist das eine große Wasserreservoir, dessen Süßwasser durch eine Leitung in verschiedene Sammelbecken und bis in die Negev-Wüste gepumpt wird.

Erinnerungen an frühere Aufenthalte durchfluteten mich und ich erreichte, vorbei an dem Schild „Sea Level“ (Meereshöhe 0) die Stadtgrenze von Tiberias, die ca. 30.000 Einwohner hat, und machte mich auf die Suche nach dem Hotel, indem ich die nächsten sechs Tage Übernachtung mit Frühstück gebucht hatte.

Das Hotel lag in unmittelbarer Nähe zum See am südlichen Stadtrand und ich konnte ihn von meinem Zimmer im vierten Stock aus sehen.

Nachdem ich mich frisch gemacht hatte, das Duschen gehört bekanntlich zu den besten Erfindungen der Menschheit, brach ich zu einem ersten Bummel Richtung Innenstadt auf.

Es dauerte knapp eine Stunde bis ich das Zentrum mit seinem bunten, geschäftigen Treiben erreicht hatte und umgeben war von den vielen Gebäuden, die in dem charakteristischen grau-braunen Basaltstein der Gegend erbaut worden waren. Herodes Antipas (ca. 25/23 v. Chr. bis 39 n. Chr.), ein Sohn von Herodes dem Großen hatte Tiberias im Jahr 17 n. Christus gegründet und zu Ehren des damaligen römischen Kaisers „Tiberias“ benannt.

Da seine Neugründung teilweise auf dem Gelände eines Friedhofes lag, galt sie den frommen Juden als unrein und auch von Jesus ist nicht bekannt, dass er die Stadt besuchte. Bekannt und berühmt waren von frühester Zeit an die heißen Quellen, die in Tiberias entspringen und sie sind es bis in die Gegenwart. Ihr ca. 60 Grad heißes schwefelhaltiges Thermalwasser wird auf erträgliche 30 Grad heruntergekühlt und dient zur Linderung und Heilung von verschiedenen Beschwerden, z.B. Rückenleiden und Hautkrankheiten.

Ich konnte mir durch den einen oder anderen Besuch im Thermalbad, Mitte der 70er Jahre streng geschlechtergetrennt, einen persönlichen Eindruck verschaffen und mich dort herrlich entspannen.

Ende des 2. Jahrhunderts nach Christus erfuhr die Stadt Tiberias für das Judentum eine erstaunliche Veränderung.

Rabbi Simon bar Joachi erklärte sie zur reinen Stadt und sie entwickelte sich zum religiösen Zentrum. Ihr Name wurde in Teverya verändert und hatte nichts mehr mit einem römischen Kaiser zu tun, denn Teverya wurde vom hebräischen *„tabur“* hergeleitet, das *„Nabel“* bedeutet. Die Stadt wurde als Nabel der Welt betrachtet und gehörte forthin neben Jerusalem, Hebron und Safed (Zfad) zu den vier heiligen Städten der Juden.

Große Gelehrte und Rabbinen lebten hier oder wurden hier begraben, so z.B. Maimonides, der lebenskundige Philosoph und hochbegabte Arzt, der nach den Anfangsbuchstaben seines Namens auch „Rambam“ (Rabbi Mose Ben Maimon) genannt wurde. Als er 1204 in Kairo starb, brachte man seinen Leichnam nach Tiberias.

Barbra Streisand erwähnt in ihrem Film „Yentl“ einen weisen Ratschlag des auf vielen Lebensgebieten Hochbegabten an alle Ehemänner. „Reize deine Frau zu Lust, aber zwinge sie nicht.“

Auf dem Hintergrund und mit der Erfahrung von damals neun und heute 40 Ehejahren kann ich diesem Rat nur von ganzem Herzen zustimmen.

Ich war in Tiberias und staunte über die vielen herausragenden religiösen Menschen der Vergangenheit, deren spirituelle Kraft immer noch nachwirkte und viele zu ihren Gräbern wallfahren ließen.

Rabbi Ben Akiba z.B. ist ein gutes Beispiel dafür, dass auch sehr fromme, gottergebene Menschen sich irren können. Er sah im zweiten Jahrhundert nach Christus in Bar Kochba (wörtlich „Sohn des Sternes“) den Messias und wurde nach dessen Aufstand gegen die Römer im Jahre 135 n. Chr. hingerichtet.

Gedankenversunken ließ ich mich durch die Straßen treiben, aß gesalzene Nüsse, trank Orangen- und Grapefruitsaft kaufte zwei große Stücke Pizzakuchen, die ich allen guten Vorsätzen in Bezug auf meinen recht dicken Bauch mit größtem Appetit verschlang. Meine Stimmung wurde immer besser und ich fragte unten am Hafen zwei Fischer, ob sie mich in ihrem recht kleinen Motorboot zum nächtlichen Fischfang mit hinaus auf den See Genezareth mitnehmen würden. Sie waren erstaunt und konnten nicht glauben, dass ich die ganze Nacht draußen auf dem See verbringen wollte, berieten sich kurz und erklärten mir, dass dies aus verschiedenen Gründen nicht gehe, vor allem deshalb nicht, weil sie den knappbemessen Platz auf dem Boot für den erhofften Fang benötigten.

Meine Enttäuschung über ihre Absage hielt sich in Grenzen, vor allem wenn ich an meine Blase dachte, die ich früher oder später hätte leeren müssen. Auch konnte ich dem Gedanken, eine ganze Nacht auf einem kleinen Boot zu verbringen, nicht nur positive Seiten abgewinnen. Also verabschiedete ich mich freundlich und schlenderte am Quai entlang weiter. In einem Schubkarren entdeckte ich einen über einen Meter langen Fisch, der in einer Wasserbrühe träge Bewegungen machte. Die Sonne war hinter den Felswänden am oberen Stadtrand verschwunden und unzählige gelbe und orangerote Lichter leuchten auf. Die Dämmerung war, wie üblich im Nahen Osten, sehr kurz und es war ein angenehmer Luftzug nach der Hitze des Tages zu spüren. Es ließ sich aushalten hier, sehr gut aushalten, ich hatte nichts auszusetzen.

Tag 3: Rund um den See Genezareth

Gegen 22 Uhr machte ich mich auf den Rückweg, die Lichter der Stadt wurden spärlicher, im Mondschein ging ich langsam dem Hotel entgegen. Obwohl es Nach war fühlte ich mich in keiner Weise unsicher oder gefährdet, vielleicht war mein Gehirn von Endorphinen und anderen körpereigenen Substanzen so erfüllt, dass es mir einfach gut ging.

Trotzdem gingen mir quälende Gedanken durch den Sinn.

Der extreme Gegensatz zwischen dem Leben hier in Tiberias, im Staat Israel und dem Leben im Gazastreifen überwältigte mich.

1948 hatte Israel nach einem verlustreichen Krieg seinen Staat gegründet, dabei auch viele Palästinenser in die Flucht getrieben und deren Dörfer zerstört.

Viele Palästinenser waren auch den Versprechen ihrer arabischen Nachbarn gefolgt und selber nach Jordanien, Ägypten, Syrien oder in den Libanon geflohen um später als Sieger zurückzukommen.

Nachdem Israel den Krieg gewonnen hatte, ging die Arbeit auf allen gesellschaftlichen und politischen Gebieten weiter und der junge Staat wurde in mühseliger, beharrlicher Anstrengung und Arbeit als moderne Demokratie gefestigt und immer mehr modernisiert.

Aber es gab die sogenannten „Gebiete" nur wenige Kilometer entfernt, das Westjordanland und den Gazastreifen und nicht zu vergessen die vielen vertriebenen oder geflohenen Palästinenser in Jordanien und im Libanon, die meist in Zeltstädten unter inhumanen Umständen lebten.

Das palästinensische Volk litt und die Situation schrie nach einer Lösung.

Aber wie sollte und konnte sie aussehen?

Galten einfach die biblischen Überlieferungen mit ihren Verheißungen von Nachkommen und Land und von der Rückkehr in das gelobte Land?

Lebte die Geschichte JAHWE GOTTES mit Seinem Volk Israel von Josua bis Bar Kochba weiter und wurde nach vielen Jahrhunderten wieder staatlich, politisch ganz konkret?

Oder galt das palästinensische „From the river to the sea“, das den Palästinensern dieses ganze kleine Stück Erde zwischen Jordan und Mittelmeer als Land ihrer Väter und Mütter einforderte?

Gibt es politisch, geschichtlich in unseren Tagen nur eine Lösung: die Zwei-Staaten-Lösung?

Oder, im Sinne von „Brainstorming“ fantasiert, den *einen* Staat „Israel-Palästina“, oder, wenn schon, dann gleich die „Staatengemeinschaft Naher Osten“ von Syrien, Libanon, Jordanien Israel und Ägypten?

Israel war und ist das von Gott *auserwählte* Volk. Aber auserwählt wozu?

Biblisch-theologisch gesprochen: um ein Hinweis auf IHN zu sein auf seinen GOTT, auf JAHWE, den Einen und Einzigen, auf JAHWE allein.

Was war meine Meinung, wo stand ich, wie entschied ich mich?

Die Verfolgung der Juden durch die Nazis in Deutschland, Europa und weltweit und der unfassbare Völkermord an über

6 Millionen von ihnen hat mein ganzes Leben verändert, bestimmt, traumatisiert.

Dieses herzlose Geschehen, diese menschenverachtende Untat, dieses abscheuliche Böse stellte mich und stellt mich für immer auf die Seite Israels und auf die Seite des Volkes der Juden weltweit.

Was war in unser deutsches Volk gefahren, um den Hassreden und Wahnvorstellungen Adolf Hitlers zu folgen?

Wie war solch eine Massensuggestion möglich gewesen?

Um es mit den Worten der Apokalyptik in der Sprache des Mythos zu sagen:

Adolf Hitler war und ist für mich ein Werkzeug des „Tieres aus dem Abgrund", „Des Drachen", „Der Schlange", „Des Satans, des Gegner JAHWE GOTTES", „Des Bösen", „Des Teufels, des Durcheinanderbringers".

Nur einer war und ist stärker als diese Leben zerstörende Macht: unser HERR JESUS CHRISTUS.

Was konnte ich tun, angesichts der gegenwärtigen Lage in Israel und den Gebieten?

Was konnte ich tun, angesichts der fast täglichen Berichte über die Tötung von Zivilpersonen auf palästinensischer Seite durch die Sicherheitskräfte Israels und angesichts der zunehmenden Terrorakte islamistischer Palästinenser, denen Unschuldige auf der Seite Israels zum Opfer fielen?

Die heutige Lage im Nahen Osten 2024

Die heutige Lage hat sich dramatisch verschärft und verschlechtert. Der Terrorangriff der Hamas und ihrer Verbündeter am 7.

November 2023 mit einem barbarischen Massaker und Blutbad mit schändlichen Untaten, Missbrauch und Vergewaltigungen an ca. 1200 Israelis, vom Baby bis zu den Älteren und der Verschleppung von einigen Hundert Menschen hat, um es mit den Worten eines israelischen Militärs zu sagen „das Tor zur Hölle" geöffnet.

Israel musste reagieren und versucht, die Hamas zu zerstören.

Deren „Kämpfer" verstecken sich hinter der palästinensischen Zivilbevölkerung, was zur Folge hat, dass zigtausend Menschen aus der palästinensischen Zivilbevölkerung getötet wurden, darunter viele Kinder, Mütter Ältere und Kranke.

Der Gazastreifen gleich einem einzigen Trümmerhaufen, es herrscht eine große Hungersnot und eine Lösung des Konfliktes ist nicht in Sicht.

Auch die Großmächte, die USA, China, Russland (das in einen unsäglichen Krieg mit der Ukraine verwickelt ist, den Russland begonnen hat), Europa und die anderen Staaten stehen recht ratlos und hilflos vor dieser menschlichen und politischen Katastrophe.

Innerlich war mir klar: Meine erste Tat bestand im Gebet, im Gebet für Israel und das palästinensische Volk und für alle Völker. „Schalom al kol Jisarel, we Shalom al kol HaGojim! Amen. Halleluja."

War es nicht müßig, darüber nachzudenken, wer schuld war, wer die Verantwortung trug für den Nahostkonflikt?

Galt nicht letztlich die Weisheit und Erkenntnis, die die Psychologie im Kleinen und im Großen tausendfach bestätigt und erwiesen hatte: „Du hast recht … aus deiner Sicht?

Aus der Sicht der Palästinenser waren und sind die Juden und Israelis, besonders die Siedler, die *„Zionisten“*, die gewalttätigen, rücksichtslosen, überheblichen Besatzer ihres Heimatlandes.

Und aus der Sicht der Israelis und Juden waren und sind die Palästinenser Menschen, die im Staat Israel und den Nachbarstaaten leben konnten, gerne als Arbeitskräfte in Israel und gutes Geld verdienen konnten, im Staat Israel, in einer Demokratie und einem Parlament, zu dem selbstverständlich auch arabische Israelis gehörten.

Und war es nicht verständlich, dass Israel sich gegen Gruppen, die den Staat Israel oder gar alle Juden vernichten wollten, zur Wehr setzte?

Ich habe beides erlebt: den abgrundtiefen Hass von Arabern Juden gegenüber, auch von christlichen Arabern und das dunkel drohende „Sie können nicht immer wach sein, sie werden einmal einschlafen und dann kommen wir und schneiden ihnen die Hälse durch.“ Und ich habe von Juden und Israelis arrogante Überlegenheit und entwürdigendes Verhalten Arabern gegenüber erlebt, Schikane und Entwürdigung, Härte und Unterdrückung.

Das ist das eine, es gibt aber auch das andere: Meine gute Bekannte Shoshi Euler Strauss s.A. pflegte eine Patenschaft zu einer jungen palästinensischen Familie und unterstütze sie regemäßig mit Geld.

Vereinzelt gab und gibt es „Oasen des Friedens“ und der Ort mit dem Namen „Neve Shalom – Wahat al Salam“ gehört zu meinen Hoffnungsorten in Israel.

Ich habe miterlebt, wie Juden und Palästinenser zusammen mit Menschen aus anderen Ländern an diesem Ort der zwischen Tel Aviv und Jerusalem liegt, gemeinsam leben, arbeiten, lernen, da sind, einfach da sind.

Die Hoffnung auf eine friedliche Lösung war klein, sehr klein in mir, als ich mich dem Hotel näherte.

Von der Apokalyptik der Bibel her ging ich eher davon aus, dass die politische und geschichtliche Entwicklung in eine andere Richtung gehen würde: in die Konfrontation aller Völker in Israel: „Harmagedon", der letzte Krieg hier auf Erden, das „Megiddo" aus Offenbarung 16, lag für mich im Bereich des Möglichen.

Damals als 40-Jähriger war ich davon überzeugt: Israel würde nicht mehr besiegt werden.

Sollte es hart auf hart kommen, sollten Teile des Landes unter größten Verlusten an Menschenleben aufgegeben werden müssen, so würde doch Jerusalem nicht mehr fallen.

Heute sehe ich das gesamte Thema etwas differenzierter, vorsichtiger, weiter.

Mein Schwerpunkt ist bei aller Liebe zum gegenwärtigen Israel weniger national pro israelisch, mehr international, universal, pro menschlich.

Ich denke, dass nur JAHWE GOTT weiß, wie der Prozess der Geschichte sich in Israel und Jerusalem weiterentwickeln, genauer gesagt, wie die Geschichte der Menschheit dort und auf der ganzen Welt „vorschreiten" wird.

Von einem aber bin ich fest überzeugt: ER, JAHWE GOTT, hat alles in Seinen Händen und am Ende dieser Weltzeit (dieses Äons) wird der „König der Juden, unser HERR JESUS CHRISTUS von Jerusalem aus als Friedenskönig herrschen.

Im Hotel angekommen wurde die Aircondition mit ihrem unaufhörlichen Brummen zu einem echten Problem.

Die Erfindung der Klimaanlage gehört sicher zu den wohltuendsten der Menschheitsgeschichte, aber ihr ständiges Geräusch raubte mir den letzten Nerv. Im Zimmer konnte ich sie zwar zurückstellen, aber ein ständiger Brummton blieb. Also ging ich hinunter zur Rezeption. Ein Mitarbeiter, genauer gesagt der Sicherheitsbeamte, wusste Rat.

Er erzählte mir, dass er erst vor Kurzem aus Russland eingewandert sei, stieg auf das Dach des Hotels und stellte die Steuerung komplett aus. Endlich war es still und ich schlief schnell ein.

Kurz vor sechs Uhr wachte ich auf, zog mich schnell an und machte mich mit einigen wenigen Utensilien auf den Weg. In der Nähe der Rezeption schlief der Sicherheitsbeamte auf einem viel zu kleinen Sofa. Überrascht fuhr er auf, als er mich hörte, ließ sich aber schnell beruhigen, als ich ihm erklärte, dass ich nur hinunter zum See Genezareth gehen wollte.

Die Morgenstimmung ließ mein Herz höherschlagen. Die Golanhöhen waren in ein dunkeloranges, violett-rotes Morgenrot gehüllt.

Schnell war ich im herrlich erfrischenden Wasser und schwamm hinaus auf den See, einige Meter vom Ufer weg, der Sonne entgegen, die als heller Feuerball erschienen war. Ich tauchte unter, ich wollte mit Haut und Haaren und Leib und Seele ganz und vollständig im See Genezareth sein.

Welch ein Genuss.

Nach dem Schwimmen suchte ich am Ufer eine geeignete Stelle und las in der Bibel. Im Zimmer zurück praktizierte ich meine bekannte Gebetsübung und ließ es mir anschließend im Speisesaal von Herzen schmecken. Das Angebot reichte von Kaffee über Toast mit Butter, Marmelade, verschiedenen Quarkspeisen, Gurken Tomaten und Fisch bis zu Joghurt und anderem mehr.

Nach dem Frühstück stieg ich voll Tatendrang in den Mietwagen, einen Fiat Uno. Mein Ziel war die Gegend nördlich von Tiberias, unterhalb des Berges Arbel, dessen markanter Steilabfall bald zu sehen war und bog vor Migdal (der Ort *Migdal* ist der Namensgeber von Maria Magdalena, sie heißt auf Hebräisch Mirjam aus Migdal, Migdal heißt wörtlich Turm, es ist wohl ein antiker Wachtturm gemeint) links ab.

Durch den Einschnitt zwischen dem Arbel und seinem Nachbarberg Nitai war wohl auch Jesus so manches Mal von Nazareth nach Kapernaum gewandert.

Ich wendete nach wenigen Kilometern und fuhr nach Migdal zurück, einem Ort, der wie so viele in Israel durch eine tropische Blütenpracht geschmückt war.

Wer sich für Blumen begeistern kann und hingerissen ist von ihren Farben, Formen und Düften, der ist hier am richtigen Ort.

Sogar so schwer zu schreibende und noch schwerer auszusprechende Pflanzen wie „Bougainvillea" überwältigen Herzen und Sinne mit ihren berauschenden Düften und ihrer überwältigenden Blüten- und Farbenpracht.

Ich erinnere mich an lange hohe Hecken von leuchtend-gelbem Ginster und viele, viele Arten von Pflanzen und Blüten, von Tabgha am See Genezareth bis Ein Gedi in der Wüste Juda.

David Ben-Gurion, der erste Staatspräsident Israels hatte recht mit seinem Appell „Make the desert bloom!“ „Lasst die Wüste erblühen“.

Zum Teil konnte sein Auftrag verwirklicht werden, andererseits stießen die Pflanzerinnen und Pflanzer einfach an die geographischen Grenzen.

Israel liegt auf dem Breitengrad der Sahara ist nun einmal, vor allem im Süden wüstenartig.

Auch das Tierreich schenkt sehr schöne, außergewöhnliche Eindrücke und Erlebnisse von Springböcken über Dromedare zu Klippdachsen und wunderschönen, farbenprächtigen Vögeln.

Flora und Fauna blühen, strahlen, leuchten und leben, überall dort, wo es Wasser gibt, bzw. wo Wasser durch menschlichen Erfindergeist, z. B. durch Tröpfchenbewässerung jeder einzelnen Pflanze zufließt oder wo es durch Wasserwerke, Speicher und Verteilsysteme landesweit hingelangt.

In Migdal lebten Deutsche, ich kam mit einigen ins Gespräch und sie erzählten mir, dass sie früher Überlebende der Shoah gepflegt hatten und nun in einem Behindertenzentrum tätig waren.

Nach einer kurzen, herzlichen und informativen Begegnung verabschiedete ich mich und fuhr weiter am See entlang Richtung Norden.

Es drängte mich an einen Ort zu kommen, mit dem ich sehr schöne Erinnerungen und eine große Verbundenheit verband:

Kare Deshe (auf Deutsch ungefähr: „wunderschöner Fleck mit üppigem Graswuchs" oder „grüne Aue"), eine der schönsten Jugendherbergen des Landes in unmittelbarer Nähe des Wasserpumpwerks gelegen.

Das große viereckige Gebäude im spanischen Hacienda-Stil mit hohen Bogenformen wirkte hell und luftig und im Innenhof erfreuten Wasserspiele und zahlreiche Pflanzen die Gäste. Die gesamte Anlage mit Palmen und wunderbar weichem grünem Rasen auf dem Weg zum Badestrand begeisterte mich.

Hier wollte ich mit der ganzen Familie Urlaub machen. Und genau dies taten wir ein Jahr später, im Jahr 1994.

Zum Ort Kare Deshe ist zu sagen, dass er und die Jugendherberge ursprünglich einige hundert Meter entfernt in nördlicher Richtung lag. Geschichtliche Umstände (die Gestapo soll dort gewesen sein) und Verträge über Besitzrechte und deren Dauer (wohl mit dem Deutschen Verein vom Heiligen Land) führten dazu, dass der Ort am jetzigen Ort neu erbaut wurde.

Am früheren, ursprünglichen Ort hatte ich als Student Tage verbracht, die zu den schönsten und erfülltesten meines Lebens gehören.

Hier hatte es mich erwischt, wie so viele vor und nach mir: Kare Deshe war der Ort, der mein Herz erobert hatte und dem ich es nur allzu gern schenken wollte.

Mir ging es in dieser Sache ähnlich wie jenem Lord aus Schottland, der all seinen Besitz im fernen Britannien vergaß und für immer im Heiligen Land leben wollte oder jener wohlhabenden, außergewöhnlich schönen französischen Adeligen, die vor ihrer Eheschließung noch eine Pilgerreise unternehmen wollte, aber auf dem Ölberg bei Jerusalem den Ruf zum Bleiben hörte und in einer Schwesternschaft als Nonne ihr weiteres Leben verbrachte. Viele weitere Beispiele ließen sich anfügen.

Der nächste Halt war wenige Kilometer weiter in Tabgah bzw. En Sheva, d.h. in „Siebenquell", wo nach alter Überlieferung eine wunderbare Brotvermehrung durch Jesus stattgefunden haben soll.

In den 1980er Jahren wurde durch den Deutschen Verein vom Heiligen Land eine neue, dritte Kirche im neo-byzantinischen Stil erbaut. Sehenswerte Mosaiken z.B. mit Tieren vom Nil waren aufwendig rekonstruiert worden und im Presbyterium erhob sich ein Altar über jenem Stein, auf dem Jesus nach alten Berichten bei der Brotvermehrung gestanden hatte.

Davor befand sich das Mosaik, das den Korb mit den Boten und den Fischen zeigte.

Der sakrale Ort mit einer Ikone von Christus und einer von Maria als Muttergottes mit Kind lud zur stillen Betrachtung und zum meditativen Gebet ein.

Ich zündete vor einer der Ikonen je eine Kerze für meine Frau, für jedes unserer Kinder und für mich an und bat Gott um seinen Segen für uns.

Das Stimmengewirr der zahlreichen Besucher, unter ihnen auch Deutsche, störte mich sehr. Ich näherte mich deshalb der lautesten Gruppe und bat in feinstem Oxford-Englisch freundlich um Ruhe. Die Wirkung war ebenso erstaunlich wie erfreulich.

Mir ging die Frage durch den Kopf, warum und wozu Menschen aus allen Teilen der Welt nach Israel reisten und dann auch solche religiösen Stätten besuchten.

Waren es Pilger oder einfach Neugierige, kamen sie aus geistlichen Gründen um hier Gott, Jesus und dem Heiligen Geist nahe zu sein, wollten sie den „Spiritus loci", den „Geist des Ortes" auf ganz persönliche Art und Weise spüren, erleben und erfahren?

Bei mir traf das sicher zu, es war und ist für mich eines der größten Geschenke meines Lebens, vor Ort in Israel gewesen zu sein, Wind und Wetter, Hitze und Sonne, Berge, Sand und Sonnenaufgänge und gewaltige, stimmungsvolle Sonnenuntergänge, Düfte und Atmosphären, Menschen unterschiedlichster Art und Herkunft, einfach das Hier- und Dasein persönlich erlebt und erfahren zu haben.

Das war etwas ganz anderes als Bücher darüber zu lesen oder Filme anzuschauen. Der eigene Eindruck, das eigene Wahrnehmen mit allen Sinnen war doch einzigartig.

Nach einiger Zeit verließ ich Tabgha und legte die wenigen Hundert Meter bis zur Primats- oder Peterskirche zu Fuß zurück.

Die lange Hose, die ich über die Shorts gezogen hatte, war viel zu warm, aber ich wusste, dass ich nur „angemessen bekleidet" die heiligen Stätten betreten durfte. Strandoutfit war hier definitiv fehl am Platz.

Ich betrat einen sehr schön angelegten Garten und ging vorbei an der Quellfassung aus byzantinischer Zeit zu der kleinen Kirche, die 1933 von Franziskanern mit schwarzem Basaltsein neu erbaut worden war.

Das kleine Kirchlein gehörte zu meinen Lieblingen in dieser Gegend und ich betrat es voll Freude und setzte mich.

Der sakrale Raum schenkte mir Geborgenheit, die Strahlen der Sonne drangen in unterschiedlichen Farbtönen durch kleine Glasfenster.

Vor mir lag wuchtig der Fels, der als Tisch galt, an dem der Auferstandene mit seinen Jüngern das Mahl gehalten hatte (Johannes 21).

Hier war der Ort, an dem nach sehr alter Überlieferung Petrus von Jesus mit der Leitung der Herde, der Ekklesia, der „herausgerufenen" Gemeinde, der Kirche beauftragt worden war.

Ein Eindruck, den ich vor ungefähr 10 Jahren hier erhalten hatte, kam mir in den Sinn.

Ich saß damals auch hier in der Kirche, sie war aber noch nicht fertig restauriert. Der Raum war von Vogelgezwitscher erfüllt und ein Nest krönte den vertikalen Längsbalken des Kreuzes. Kopf und Schulterbereich des Kruzifixus waren über und über mit Vogelkot beschmutzt und im Nest piepste eine muntere Schar von Vogelkindern.

Dieses Bild wurde mir zum Gleichnis: So war ER, Jesus von Nazareth, unser HERR. Er hatte sich beschmutzen lassen vom Schmutz und der Sünde aller Welt, auch von meinem Schmutz und meiner Sünde.

So war er auf Golgatha zu Gott gekommen und so hatte JAHWE GOTT ihn angenommen und damit der Welt und auch mir eine neue Lebensform geschenkt.

Draußen ging ich zu den uralten Stufen, die zum See hinabführten und nahm das Bild der kleinen Wellen, die sie sanft umspielten, als wollten sie sie küssen, in mir auf und verließ dann diesen außergewöhnlich schönen, friedvollen Platz.

Kapernaum war mit dem Auto schnell erreicht und grüßte mit dem Schild „The Town of Jesus“ die vielen Besucherinnen und Besucher.

Ob Nazareth wirklich die „Stadt“ von Jesus gewesen war, wagte ich zu bezweifeln, aber außer Frage stand, dass er sich dort einige Monate, vielleicht sogar Jahre immer einmal aufgehalten hatte.

Und immerhin wohnte ja auch die Schwiegermutter des Petrus dort und Kapernaum hatte als Grenzort mit einer Zollstation eine wichtige Bedeutung für die Einwohner, Durchreisenden, die politischen Herrscher und die Zolleintreiber.

Vielleicht war Kapernaum für eine Zeit von ein bis drei Jahre sein „Basiscamp“, der Ausgangspunkt und Rückkehrort seiner Wanderungen gewesen.

Das sogenannte Petrus-Oktogon zeigte Reste von Ausgrabungen, die von einer modernen Betonkonstruktion überbaut waren. Über Stufen gelangte man in den Sakralraum über den antiken Fundamenten. Ein wenig erinnerte mich das Ganze an eine überdimensionierte Küchenschabe.

Nur wenige Schritte entfernt befanden sich die Reste einer Synagoge aus dem dritten oder vierten Jahrhundert n. Chr. mit Steinboden, Wandteilen und einigen Säulen. Der Blick in den Himmel war frei. Sie war aus Kalkstein erbaut und konnte über Stufen betreten werden. Sehr wahrscheinlich wurde sie am Ort der Synagoge gebaut, in der Jesus gepredigt hatte.

Ich suchte den Schatten auf und ließ meinen Gedanken freien Lauf. Wie schön war es, wie wohltuend und befreiend, dass die Zeiten der schulischen Prüfungen und Examina für mich vorbei waren.

Wie knapp und belastend war das mit dem Abitur, in Albträumen dachte ich oft, ich hätte es noch gar nicht bestanden, um dann nach dem Aufwachen erleichtert zu erkennen: Das ist doch vorbei, längst vorbei, du hast das Abitur bestanden, und das Hebraicum, Graecum und Latinum auch.

Erfolgreich abgeschlossen auch die Erste und die Zweite Theologische Dienstprüfung, mit Gottes Hilfe bewältigt, es durfte gelingen und ich war schon acht Jahre als ständiger Pfarrer im Dienst.

Es war für mich 10-jährigen Buben aus einer einfachen Arbeiter- und Bauernfamilie ein großer Schritt gewesen, jeden Tag mit dem Bus ins 12 Kilometer entfernte Reutlingen zu fahren und aufs Gymnasium gehen zu dürfen.

Und auch der Besuch des Sprachenkollegs in Stuttgart, nach 13 Monaten Zivildienst in einem Kinderheim, war ein großes Geschenk.

Hier erlebte ich, wie leicht schwere Aufgaben zu lösen waren, wenn man sie gerne tat.

So bestand ich die anspruchsvollen Prüfungen in Altgriechisch und Latein mit guten Noten. Denn ich wollte ja mit Leib und Seele, von ganzem Herzen die Ursprachen der Bibel lernen und war deshalb voll Interesse und ausdauernd bei vier Stunden Unterricht in Stuttgart und vier Stunden Nacharbeit zu Hause dabei.

Und nach diesem Jahr in Stuttgart ging es 1975 endlich an die Uni in Tübingen, das Hebraicum wurde bewältigt und das weitere Studium begann.

Heute noch besuche ich gerne das Johannes-Kepler-Gymnasium in Reutlingen und die neue Aula, das Theologicum und den Kupferbau in Tübingen und denke nach über so manches, was ich dort fachlich, sachlich und persönlich, existenziell erlebt und gelernt habe.

Meine Route führte mich weiter, am See entlang, in nordöstlicher Richtung.

Nach wenigen Minuten passierte ich die aus Metallbohlen bestehende Brücke über den Jordan und parkte den Wagen. Ich wollte ein Foto machen, genau von der Mitte der Brücke aus, nach Norden Richtung Dan und nach Süden Richtung Mündung in den See Genezareth.

Ein Foto vom Fluss in seiner ganzen Breite. Wobei „Fluss" und „Breite" hier relativ waren, denn der Jordan war eher ein kleinerer, kräftiger Bach und seine Breite überschaubar.

Aber es ging ja um etwas anderes, es ging um die Bedeutung dieses Gewässers. Man konnte ja im wahrsten Sinne des Wortes „über den Jordan gehen" und das bedeutete ja nicht nur, dass man starb und tot war, sondern dass man eine Grenze überschritt, die Grenze zwischen der Wüste und dem Kulturland, dem Gelobten Land.

Nach seiner Befreiung aus Ägypten war das Volk Israel durch die Wüste geführt worden, zum Berg Sinai mit seiner entscheidenden Gottesbegegnung und dem Bundesschluss JAHWE-Israel und der Gabe der Tora.

JAHWE-GOTT hat Sein Volk über den Jordan, durch den Jordan hindurch in das verheißene Kulturland geführt, in das Land in dem Milch und Honig fließen.

Und dieser Jordan wurde von Johannes als Taufstätte genutzt, sein Wasser als Element in das alle, die es wollten „getaucht" wurden, als Vorbereitungs- und Reinigungsritual für die Begegnung mit DEM, der mit Feuer und Heiligem Geist taufen würde.

Neben all diesen gewichtigen theologischen Bedeutungen war und ist der Jordan von entscheidender Bedeutung für das Leben und Überleben von Pflanzen, Tieren und Menschen.

In einem Land, in dem es neun Monate überhaupt nicht regnet ist Süßwasser kostbar, sehr, sehr kostbar.

Und genau dieses liefern die drei Quellflüsse des Jordan, der Hasbani im heutigen Südlibanon, der Dan in Israel und der Banias auf den Golanhöhen.

Nach einem kurzen Aufenthalt auf beiden Seiten der Brücke fuhr ich zum Ostufer des Sees und legte in einem Freizeit- und Badepark eine Siesta ein.

Arabische und jüdische Israelis waren mit ihren Familien versammelt, kleine Kohlefeuer brannten und der Duft der Fleischspieße lag in der Luft, im Hintergrund untermalt von orientalischer Musik aus Kofferradios.

In guter Gemeinschaft wurde gegessen und getrunken, miteinander gelebt.

In einem Self-Service-Restaurant kaufte ich ein Sandwich und etwas zum Trinken.

Es war sehr heiß und ich spürte, dass mich das subtropische Klima um den See anstrengte.

Unter dem Schatten einiger Palmen fand ich einen bequemen Ruheplatz, schloss die Augen zu einem Nickerchen und sah anschließend den Menschen zu, die sich im Wasser oder auf der Rasenfläche befanden.

Vieles kam mir in den Sinn, Gedanken über mich selber, mein bisheriges Leben, über die Führungen, die mir von Gott bisher geschenkt worden waren, auch über dieses Geschenk, zum wiederholten Mal wieder hier in Seinem Land sein zu dürfen.

Ich dachte an meine Frau, unsere Ehe und unsere Kinder, daran, dass ich bei jeder Geburt dabei gewesen war, über die Wehen und Schmerzen die eine Frau erleiden musste, bis ein neugeborenes Kind aus ihr herausgedrungen war.

Welch ein Geheimnis war das Leben, im Kleinen und im Großen.

Gegen 16 Uhr brach ich auf mit dem Ziel Afik, einem kleinen Ort auf den Golanhöhen. Von dort sollte man, wie auch *Ralph Giordano* in seinem lesenswerten Buch „Israel – Um Himmels Willen Israel“ schreibt, einen besonders schönen Blick über den See haben.

Der Fiat kletterte flott die Straße empor, landschaftlich war die Gegend sehr schön, ich war bisher noch nie hier gewesen, alles war frisch und neu.

Der Ort Afik wirkte wie ein Wehrdorf auf mich, ich wendete kurz davor.

Der Golan war ja 1981 von Israel annektiert worden, nachdem zuvor Syrien die israelische Bevölkerung am Ostufer des Sees immer wieder beschossen hatte.

An einer Bushaltestelle standen zwei junge Frauen, die eine Mitfahrgelegenheit suchten. Ich hielt an, sie stiegen ein, wir hatten dasselbe Ziel, auch sie wollten nach Tiberias. Während der Fahrt unterhielten wir uns auf Englisch, sie staunten über meine Hebräisch-Kenntnisse und waren sich unsicher, wen sie da bei sich hatten.

Die beiden waren typische „Zabras“, also in Israel geborene Jüdinnen.

„Zabra“ ist die Frucht des Kaktus, außen stachelig aber innen süß.

Und so sind auch viele Israelis, auf den ersten Blick kritisch, fast unfreundlich, ja verletzend, auf den zweiten aber freundlich, offen und immer zum Gespräch und Gedankenaustausch bereit.

Wir fuhren längere Zeit schweigend, das Radio verbreitete eine angenehme Stimmung durch die unterschiedlichsten Popsongs.

Nebenbei erklärten sie mir die wichtigen Worte für „rechts" („yamina"), „links" („smolla") und besonders vor einer Kurve wichtig „langsam, langsam" („leat, leat").

An einem Platz mit besonders schöner Aussicht zum See hielt ich kurz, ließ das beeindruckende, liebliche Bild auf mich wirken, machte ein Bild und wir fuhren danach an Susita, auch bekannt aus „Hippos" (einer der antiken Städte der Dekapolis), das auf einem kegelförmigen Berg lag, vorbei und erreichten bei En Gev den See und danach sein Südende.

Bei Deganya, der ersten Kibbuz-Gründung im Jahr 1910 überquerten wir den Jordan.

Ganz in der Nähe war ein „Taufstelle" für christliche Pilger eingerichtet worden, die auch rege benutzt wurde, oft zur Wiederholung der Taufe hier im echten Jordanwasser.

Ob Johannes der Täufer hier getauft hat, wage ich zu bezweifeln, die Texte der Evangelien legen eher einen Ort weiter südlich, in der Nähe von Jericho nahe, am tiefsten Punkt der Erde, ca. 400 Meter unter dem Meeresspiegel.

Nachdem ich meine beiden Mitfahrerinnen in der Innenstadt abgesetzt hatte war ich froh, im Hotel endlich der drückenden Hitze entkommen zu sein und als Erstes nur eines zu tun: zu duschen, kalt zu duschen.

Welch eine Wohltat war diese Erfrischung, den Schweiß vom Körper zu waschen und nach dem Abtrocknen sich hinzulegen, ohne einengende Kleidung, im gekühlten Zimmer, sich auszustrecken, die Augen zu schließen und tief und ruhig durchzuatmen. Wie gut das tat.

Eine Stunde später erwachte in mir schon wieder die Unternehmungslust. Ich fuhr in die Innenstadt, parkte, aß zwei Pizzakuchen und trank Unmengen Apfelsaft.

Dann ging es weiter, wieder Richtung Migdal wie am Morgen. Im „Sea Club" bezahlte ich einige Shekel Eintritt und konnte mich bis Mitternacht auf dem Gelände und am See aufhalten.

Zunächst schwamm ich lange Zeit und sah dabei immer wieder die Sonne, die über dem Taleinschnitt hinter Migdal langsam unterging.

Darum wollte ich hier sein, weil hier die Sonne viel länger schien als im steil am Hang gelegenen Tiberias, diese Abendstimmung war es, die mein Herz ersehnte.

Tag 4: Heiße Quellen

Es war dunkel geworden, ich saß am Ufer des Sees mit Blick Richtung Tiberias.

Es brannte am Berg Arbel. Das Schauspiel war gespenstig, schreckeinflößend und faszinierend zugleich.

Ich vermutete, dass die Fläche am Steilabfall des Berges kontrolliert abgeflammt wurde, sicher war ich mir nicht.

Feuerwehr und Polizei waren vor Ort, es war nicht mehr möglich, die Straße am Ufer nach Tiberias zu befahren, die Flammen waren zu nah und gefährlich hoch.

Aus sicherer Entfernung konnte ich das Feuer beobachten, welche eine Urkraft, welch eine Naturgewalt, verloren war jedes Tier, das sich auf dem Boden befand und nicht rechtzeitig fliehen konnte, verloren wäre auch jeder Mensch gewesen, den sein tödlicher Griff gepackt hätte.

Und doch war Feuer auch das Element, das Schädliches vernichtete, Skorpione und Giftschlangen zum Beispiel, das Element, das den Menschen zu allen Zeiten Wärme und Geborgenheit geschenkt hatte und aus der Asche wieder neues Leben entstehen ließ.

Eine Gruppe von Jugendlichen näherte sich mir und wir kamen ins Gespräch.

Als sie erfahren hatten, dass ich Deutscher war, fragte mich ein Mädchen spöttisch: „Na, wie geht es Hitler, was für ein Mensch war er?“

Ich war sehr betroffen und antwortete ernst: „Hitler war der Satan.“

Meine Antwort verfehlte ihre Wirkung nicht. Sie hatte keine Lust mehr, witzig und unangemessen über dieses Thema zu reden.

Das alles geschah noch im „Sea Club“ gegen 22 Uhr.

Ich beschloss, zum Hotel zurückzufahren, wurde von der Polizei umgeleitet und fuhr bei hellem Vollmond unter dem Glitzern unzähliger Sterne einen ca. 40 Kilometer weiten Umweg, um von Westen her wieder in die Stadt zu gelangen.

Im Zimmer schaltete ich den Fernseher ein, es lief ein Programm in arabischer Sprache, eine humorvolle Familienserie, danach sah ich auf israelischen Sendern eine Diskussion und ein Konzert.

Wieder zurück im arabischen Programm versuchte ein Prediger auf Englisch Menschen zum Glauben an Jesus zu gewinnen.

Obwohl diese Art von Evangelisation „not my cup of tea“ war, sah ich zu und erfuhr so die Geschichte eines Ehepaares.

Die beiden hatte sich getrennt und trafen sich Jahre später bei der Hochzeit einer ihrer Töchter wieder. Sie kamen miteinander ins Gespräch, sich wieder näher und heirateten zum zweiten Mal. Ihre neue Lebensbestimmung war, gemeinsam als Missionare tätig zu sein.

Das alles war evangelikal, sehr amerikanisch evangelikal.

Die ganze Sendung, die mit einem langen Gebet abschloss, war mir fremd, ja wirkte abstoßend auf mich.

Mission bedeutet für mich etwas anderes, eine Lebenshaltung, die Bereitschaft, mit anderen Menschen zu leben, ihr Schicksal zu tragen, Zeit, viel Zeit zu verbringen und vor allem keinerlei Aufdringlichkeit und Besserwisserei. Mission in der wörtlichen Übersetzung von „Sendung“ heißt für mich, viel von der Art, die Jesus seinen Mitmenschen gegenüber ausgelebt hatte, zu praktizieren.

Mission, was ist das?

Natürlich gehört die Verkündigung dazu, das „Kerygma“, das Evangelium und das Zeugnis und Bekenntnis zu JAHWE Gott, wie er sich in der Heiligen Schrift geoffenbart hat.

Jetzt als älterer Mensch sehe ich, dass es viele Arten von Mission gibt und ich akzeptiere diese Vielfalt.

Ich vergebe anderen und mir selber Fehler, harte Urteile und Irrtümer.

Aus der Geschichte der Kirche können und müssen wir Christen lernen, mit dem Falschen aufzuhören und das Richtige geschehen zu lassen und zu tun.

Falsch sind Aufdringlichkeit und Nötigung, Zwang, Abwertung und Besserwisserei.

Wir Christen sind gesandt, Zeugen zu sein, Zeugen der LIEBE, die JAHWE Gott in Jesus von Nazareth auf endgültige und vollkommene Art ausgelebt hat.

Wenn wir über Mission reden, müssen wir die schlimmen Fehler der Kirche im Laufe der letzten 2000 Jahre auch thematisieren.

Von Augustins „Nötigt sie hereinzukommen“ über Zwangsmaßnahmen unter Karl dem Großen bis in unsere Tage ist leider vieles geschehen, das dem Geist unsres HERRN Jesus Christus absolut widerspricht.

Mission bedeutet Sendung von Menschen, die erkannt haben, dass sie Geliebte GOTTES sind und darum anderen Menschen weitersagen wollen, dass auch sie Geliebte Gottes sind.

Die Angesprochenen haben die völlige Freiheit auf diese Botschaft zu reagieren.

Letztlich geht es hier um Geheimnisse Gottes, um Berufung und Erwählung, um Entscheidungen, deren Gründe und Ziele nur ER kennt.

Am nächsten Morgen schwamm ich um sechs Uhr wieder im See. Danach las ich am Ufer in der Bibel und praktizierte meine tägliche Gebetsübung an diesem so besonderen Ort.

Ich wollte mich bewusst von „guten Mächten" beeinflussen lassen, offen sein für Gott und von diesem Erleben her in den Tag hineingehen.

Nach dem Frühstück stand mein Entschluss fest, heute keine anstrengende Tour zu machen, sondern vielmehr das Gute, das so nah lag, zu nützen und zu genießen.

Nah aber lagen die Thermalbäder der heißen Quellen und ich freute mich auf einen erholsamen, entspannenden Tag für Leib und Seele.

In der Eingangshalle überraschte mich die Kassiererin mit der Frage, ob ich auch eine Massage wollte.

Warum nicht, spontan sagte ich Ja.

Sofort konnte ich zu einem Mitarbeiter und da stand ich vor ihm, in der Badehose, völlig unerfahren im Themenbereich „Massage" und sah ihn fragend an, ob ich auch mein letztes Kleidungsstück ausziehen sollte.

Durch eine verneinende Kopfbewegung ließ er mich wissen, dass dies nicht nötig sei, ich sollte mich auf den Rücken legen und er erwies sich als Meister seines Faches und lockerte die Muskeln meines Körpers von den Zehen bis zu den Fingerspitzen.

Während dieser Tätigkeit erzählte er mir, dass er erst vor einem Jahr aus Russland nach Israel eingewandert sei und dass das Leben hier auch nicht leicht sei. Aber er war froh, dass er hier seinen Beruf, den er in Moskau erlernt hatte, weiter ausüben konnte.

Und wie er ihn ausübte! Ich hatte mich umzudrehen und wurde nun auf dem Rücken massiert.

Alles war in Ordnung, entspannend und wohltuend, aber ich befürchtete Böses mit Blick auf den Bereich meiner Schultern, wegen des Sonnenbrandes, den ich mir zugezogen hatte.

Die Kraft der Sonne in Israel und der gesamten Region am Mittelmeer wird gerne unterschätzt.

Ich hätte ja etwas sagen können, schwieg aber und er massierte auch die geröteten Stellen kräftig und ausdauernd.

Ich wollte ihm und mir zeigen, dass ich Schmerzen aushalten konnte und fand dafür reichlich und lange Gelegenheit bis er mit einem Trommelwirbel seiner Hände genau auf der geröteten Stelle sein Werk abschloss.

War es Absicht oder nicht? Ich weiß es nicht.

Mit einer kleinen Träne im Augenwinkel verabschiedete ich mich gefasst und vor allem erleichtert von ihm.

Kurze Zeit später war der Schmerz vergessen und ich tauchte ins über 30 Grad heiße Wasser ein, das irgendwelche Krankheiten heilen konnte, die ich zum Glück alle nicht hatte.

Es lief Popmusik und die Badenden gaben sich alle Mühe, Aerobic-Übungen nachzumachen, die eine attraktive Frau im hochgeschnittenen Einteiler vom Beckenrand aus äußerst gekonnt vormachte.

Im Becken im Freien konnte ich verschiedene Düsen meinen Körper weiter massieren lassen und anschließend legte ich mich auf einen Liegestuhl um auszuruhen.

Wie es der Zufall wollte lag die freundliche Mitarbeiterin von der Rezeption im Hotel in meine Nähe, wir kamen ins Gespräch, ich erfuhr, dass sie 26 Jahre jung war und ihre Eltern vor Jahren aus Marokko nach Israel eingewandert waren.

Sie gehörte also zu der Gruppe der Sephardim, der Juden, die im 15. und 16. Jahrhundert aus Spanien und Portugal vertrieben worden waren und sich auf der Flucht in einigen europäischen Ländern, in Nordafrika und im Nahen Osten angesiedelt hatten. Ihr Vater war leider schon vor 16 Jahren verstorben, er hatte das Amt des Vorsängers in der Synagoge inne, und zu seinem Gedenken trug diese Synagoge nun seinen Namen. Auf den Konflikt mit den Palästinensern angesprochen sagte sie nur „They hate us.“ („sie hassen uns.“)

Meine schöne Gesprächspartnerin mit ihren langen goldbraunen Haaren mit schwarzen Strähnen und dunklen, absolut unergründlichen Augen erzählte mir, dass sie aus der Sicht der strengen Rabbinen eine Sünderin sei, und ich fragte sie, wie sie das meinte.

Sie erklärte mir, dass die Rabbinen einer Frau nicht erlaubten, einen Bikini zu tagen.

Ich musste zugeben, sie sah sehr sexy aus mit ihrer langen, schlanken Figur und ihrem makellosen Körper.

Im weiteren Gespräch erfuhr ich, dass die Rabbinen gegen die freizügige Kleidung bei unverheirateten Frauen waren, weil diese dadurch ihren Freund so reizen würden, dass er nicht bis zur Ehe warten konnte.

Denn die Rabbinen wollten, dass man erst in der Ehe als Mann und Frau zusammen war.

Diese Haltung erinnerte mich stark an manche Pfarrer und Mitchristen aus dem pietistischen und evangelikalen Bereich, aus dem ich ja auch kam.

Nach Meinung der Rabbinen der strengreligiösen Juden sollten die Frauen und Männer an getrennten Badestränden züchtig bekleidet baden.

Ach ja, dieses alte und doch so wichtige Thema „Sexualität", dieses Urthema der Menschheit.

Auch ich war angesprochen in dieser Situation.

Einerseits wollte ich meiner Gesprächspartnerin in keiner Weise zu nahetreten und war mir bewusst, dass ich verheiratet war, ich trug ja den Ehering am Finger meiner rechten Hand, andererseits freute ich mich über diese schöne Begegnung und das Gespräch mit ihr.

Ich stellte mir die Frage, ob sich Freude und Begierde trennen ließen, oder ob sie immer miteinander zu tun hatten und gleichsam fließend ineinander übergingen oder einfach zusammengehörten.

Wie dem auch sei, nach einiger Zeit verabschiedeten wir uns freundlich voneinander, sie ging zu ihrem Dienst an der Rezeption des Hotels und ich genoss weiter den Nachmittag, auch mit einigen Saunagängen, textil, streng nach religiöser Vorschrift, geschlechtergetrennt.

Die Sauna war heiß, aber das Abkühlen recht warm, da das Wasser bei über 35 Grad Außentemperatur auch drinnen nicht richtig kalt werden wollte. Trotzdem war es sehr schön, wohltuend und entspannend.

Heiß bzw. warm galt auch für das Abkühlen, da das Wasser bei über 35 Grad Außentemperatur auch drinnen nicht richtig kalt werden wollte. Trotzdem war es sehr schön, wohltuend und entspannend.

Gegen 17 Uhr verließ ich diesen Ort der mannigfaltigen, durchaus angenehmen Begegnungen, Eindrücke und Reflexionen, fuhr aus der Stadt die Straße 77 hoch um zu den *Hörnern von Hittim* abzubiegen.

Die Gegend war vor Urzeiten vulkanisches Gebiet und der Berg hatte beim Einsinken seines Kraters seine jetzige charakteristische Form erhalten.

Aus historischem Interesse wollte ich eintauchen in ein Geschehen, das Ende des 12. Jahrhunderts n. Chr. in seiner unmittelbaren Nähe stattgefunden hatte. Am 4. Juli 1187 schlug Sultan Saladin und sein Heer die Kreuzritter hier vernichtend und besiegelte damit das Ende des Königreiches Jerusalem, das von 1099 n. Chr. bis 1291 n. Chr. bestanden hatte, zunächst mit der Hauptstadt Jerusalem, später mit der Hauptstadt Akko.

Kreuzzüge, Krieg und Gewalt und Jesus

Ich dachte nach über das eigentlich unfassbare Thema „Jesus und Gewalt“, „Der Glaube an Jesus Christus und das Kriegführen für ihn, in seinem Namen“.

Natürlich sind schnelle Urteile über die Kreuzzüge aus unserer Zeit, über 900 Jahre später, falsch.

Die Menschen dachten, glaubten und lebten damals anders als wir, und wir machen es ja nicht besser mit Konflikten und Kriegen in unserer Zeit.

Wie soll sich die Gemeinde Jesu Christi, die Kirche, verhalten?

Absolut gewaltfrei, pazifistisch?

Oder doch gewaltbereit, im Notfall, in Notwehr, um anderen zu helfen?

Ich war Kriegsdienstverweigerer aus Glaubensgründen, anerkannt nach einer Verhandlung in Tübingen.

1973 stand ich wie ein Angeklagter vor einem Ausschuss, der mich anhörte, ausfragte und entschied.

Den Kriegsdienst, die Bundeswehr und die Bergpredigt, vor allem den Bergprediger brachte ich nicht zusammen.

Jesus und töten ging für mich nicht.

Später, nachdem ich einige Kriegsdienstverweigerer zu ihren Verhandlungen begleitet hatte, relativierte sich mein Urteil.

Ich erkannte, dass man immer schuldig werden kann, als Soldat und als Pazifist, dass das Leben komplexer ist als einfache Lösungen.

Und ich erkannte in Israel, dass es den Staat Israel nur wegen des Einsatzes von Militär, durch Kampf und Krieg, Schießen, Töten und Getötetwerden gab und gibt.

„We are forced to use force" sagte ein israelischer Offizier einmal zu mir.

Wir leben in einer gefallenen Welt …

Ich bestieg eines der Hörner von Hittim und fühlte mich landschaftlich dabei ins Allgäu versetzt.

Dornen und Disteln galt es auszuweichen, rostige Viehzäune zu überwinden, grau-schwarze Basaltbrocken zu umgehen um schließlich den stimmungsvollen Ausblick über Galiläa zu genießen. Ich befand mich ja noch in Untergaliläa und entdeckte in südwestlicher Richtung den Berg Tabor, der sich in der Form eines großen, sehr großen Maulwurfshügels am Horizont leicht erkennen ließ. Der Blick nach Osten zeigte das Tal beim Berg Arbel und den See in einer geradezu magischen Abendstimmung.

Hier, in dieser Gegend hatte sich Jesus oft aufgehalten auf seinen Wanderungen von Nazareth nach Kapernaum, es kam mir vor als hätte Gott hier einen Weg für ihn gebahnt, herausgehauen durch den Einschnitt zwischen den Bergen.

Die Menschen aus der Zeit der Kreuzzüge kamen mir in den Sinn. Vor gut 800 Jahren hatten sie in einem militärisch absolut sinnlosen Unternehmen ihr Leben gelassen. Was hatte sie dazu bewogen, hierherzureisen? Hatte es Gott gewollt, wie der damalige Papst sagte und von deren Berechtigung und Durchführung selbst so hochgelehrte Geistliche wie Anselm von Canterbury überzeugt waren?

Der Abendwind wehte von den Hügeln und ich saß nachdenklich und tief sinnend in der recht bequemen Mulde eines großen Kalksteines. Es fiel mir schwer, mich von diesem Ort und seinem überwältigenden Rundblick loszureißen.

Schließlich gelang es mir, ich stieg vorsichtig zum Auto ab und fuhr zum Moshav Arbel, das ich von den Hörnern von Hittim aus in östlicher Richtung vor mir hatte liegen sehen.

Im Moshav fragte ich einen Bewohner, ob es möglich sei, zum Steilabfall des Berges Arbel zu gehen und er erklärte mir, dass das ganze Gebiet ein Naturpark sei und allen offenstand.

Ich wanderte langsam über den Berg Arbel. Immer wieder wagte ich einen Blick über seinen Rand in den Abgrund.

Fast senkrecht ging es hinunter, teilweise gut 100 Meter oder mehr. Hier war Vorsicht geboten. Die Kalksteine unterschiedlicher Größe und Form, die ich passierte waren teilweise durchlöchert, ausgehöhlt vom jahrtausendelangen Einwirken der Elemente, geformt von Wasser, Hitze, Wind und vielem mehr.

Sie waren so beeindrucken, so ausdrucksstark, als wollten sie stumm aber wirkungsvoll eine geheime Botschaft verkündigen.

Vom Gipfel oder genauer gesagt recht flachen Endpunkt des Berges aus bot sich ein überwältigender Blick hinunter zum See, hinauf nach Obergaliläa und hinüber zu den Golanhöhen.

Das war die Welt, in der Jesus gelebt hatte, die Landschaft hatte eine gewaltige, Ausstrahlung. Es kam mir eine Aussage in den Sinn, die ich von einem katholischen Geistlichen vor Ort gehört hatte.

Sinngemäß lautete sie:

„Vier Evangelien findest du in der Bibel, das fünfte ist hier vor Ort, im Dasein, Erleben, Betrachten und Wirkenlassen der Landschaft in Galiläa, in Bethlehem, in Nazareth, in Jerusalem, im Land Israel."

Die Sonne ging unter und glücklich, gelöst an Leib und Seele machte ich mich auf den Rückweg. Ich fuhr zur Stadt hinunter, es war Abend geworden, mir wurde leicht schwummrig. Ich spürte, dass ich etwas essen und trinken musste.

Tag 5: Fahrt in den Norden

Im oberen Bereich von Tiberias aß ich in einer Imbissstube gegrilltes Schaffleisch mit geröstetem Brot und trank drei Flaschen Grapefruit- und Orangensaft. Trotz des leichten Hammelgeruches schmeckte es köstlich.

Was sollte und wollte ich an diesem Abend noch machen? Ich beschloss, noch einmal nach Kare Deshe zu fahren und dort in bequemer Lage einige Stunden direkt am See zu verbringen.

Doch es sollte anders kommen. Am Ortsausgang von Tiberias standen große Gruppen von Anhaltern. Da es schon dunkel war, wollte ich niemanden mitnehmen. Aber ich entdeckte einen Jugendlichen mit einer Kipa auf dem Kopf, der etwas abseits am Straßenrand stand und winkte. Spontan hielt ich an, da ich mir nicht vorstellen konnte, dass von ihm eine Gefahr ausgehen könnte. Zu so später Stunde wollte ich ihm behilflich sein. Er ließ mich wissen, dass er auf die Golanhöhen wollte, zu Freunden, die dort in einem religiösen Wehrdorf wohnten. Ich sagte ihm zunächst zu, ihn auf jeden Fall bis Kare Deshe mitzunehmen. Mein junger Mitfahrer war gesprächig, ich erfuhr, dass er 16 Jahre alt war und in Jerusalem wohnte. Er sprühte von religiösem Eifer, nahm Unterricht bei einem Rabbi und unterrichtete selbst schon Kinder. Er war absolut davon überzeugt, dass das Judentum die einzig richtige Religion war und den einzig wahren Glauben lehrte. Ich hörte ihm gelassen und interessiert zu und musste innerlich ein wenig schmunzeln, denn seine „missionarische" Art erinnerte mich an Verhaltensweisen von mir selber und meinen Glaubensgeschwistern. Er spürte, dass ich ihn und sein Volk Israel liebte und wurde immer vertrauensvoller. Ich hatte längst entschieden, ihn bis zu seinem Reiseziel zu fahren und als ich ihm dies mitteilte, zeigte er sich sehr dankbar und war froh, mich getroffen zu haben. Er hatte einen Bus verpasst und war deshalb in die Nacht hineingeraten. Er sah alles in einem Zusammenhang mit Gott und hatte sich ernsthaft gefragt, warum ihm dies hatte passieren müssen. Und nun erkannte er, dass Gott das wohl alles so gefügt hatte, damit wir beide einander begegneten.

Ich erfuhr von dem frommen Rabbi „Gam se Letova", der von seinen Zeitgenossen diesen Namen, der „Auch das ist zum Guten" bedeutete, erhalten hatte, weil er *alles* in eine Verbindung mit Gott brachte und lehrte, dass auch das Schlimmste und Böseste zum Guten dienen und führen würde und musste.

Folgendes eindrückliches Erlebnis stand hinter dieser tiefen Erkenntnis des weisen Rabbis: Er war unterwegs mit seinem Reittier, seinem Esel und wollte aus Sicherheitsgründen unbedingt vor Einbruch der Nacht das nächste Dorf erreichen. Aber der Esel schrie vor Schmerzen laut auf, brach zusammen und starb. Der Rabbi war sehr betroffen, tröstet sich schließlich damit, dass er wenigstens eine Lampe bei sich hatte und die Nacht nicht in völliger Dunkelheit verbringen musste. Doch da geschah das nächste Missgeschick: Die Lampe zerbrach und war nicht mehr zu gebrauchen. So blieb ihm nichts anderes übrig, als in völliger Dunkelheit die Nacht zu verbringen und ängstlich darauf zu warten, bis die Dämmerung anbrach und der neue Tag begann. Nach Sonnenaufgang zog er weiter und fragte sich, warum Gott ihn so unglücklich und beschwerlich geführt hatte.

Endlich erreichte er den nächsten Ort und sah mit Schrecken und Entsetzen alles in einem anderen Licht: Der ganze Ort war völlig zerstört und alle Einwohner ermordet. Bei Nacht waren Räuber gekommen, hatten gemordet und zerstört und alles Hab und Gut mit sich genommen. Da wurde ihm klar: Wenn sein Esel nicht krank geworden und gestoben wäre, dann wäre er jetzt nicht mehr am Leben. Und wenn seine Lampe nicht zerbrochen wäre, dann hätte ihr Schein die Räuber zu ihm geführt und es wäre ihm schlecht ergangen. Er dankte Gott für seine Führung, denn er hatte erkannt: „Gam se Letova", „Auch das ist zum Guten", gerade auch das Schmerzliche, Störende, Schwere.

Diese und ähnliche Geschichten erzählte mir mein junger Mitfahrer während wir im silbrig-hellen Schein des Vollmondes fuhren und fuhren. Es ging zur Siedlung „Ramat Magshimim", auf Deutsch „Hügel derer, die sich ihre Träume erfüllen".

Dieser Name erinnerte mich an das berühmte Wort Theodor Herzls „Wenn ihr wollt, ist es nicht nur ein Traum."

Wir sangen israelische Lieder wie „Hine lo janum, we lo jischan, we lo jischan schomer Israel", „Siehe, der Hüter Israels schläft und schlummert nicht" und das besonders anrührende „Yeruschalaim shel sahav", „Jerusalem aus Gold", das die unvergessene Naomi Shemer 1967 zum ersten Mal so herzergreifend gesungen hatte. Schließlich näherten wir uns der Sicherheitszone der UN und der Grenze zu Syrien. Wir sprachen über den Messias, den „Maschiach", den „Gesalbten". Mein Mitfahrer erzählte mir, dass viele Menschen in Israel auf sein Kommen warteten und dass selbst bei den Nichtreligiösen, die er „Cholim" nannte der Song „Maschiach" ein Hit war und in den Fußballstadien unter großem Anklang oft gespielt wurde. „Cholim" ist der Plural von „Chol, „Sand". Cholim waren für ihn und die Mitglieder seiner strengreligiösen Gemeinschaft Menschen, die wie der „Sand" waren, innerlich leer und gehaltlos, die Ungläubigen, Ungehorsamen, Verlorenen. So einfach war das für ihn, es gab nur zwei Gruppen von Menschen, die Frommen, Gläubigen, Religiösen und eben die „Cholim".

Und so war es nach seinem Glauben auch mit den Tagen, die Tage eins bis sechs, Samstagabend bis Freitagabend waren alle „Cholim“, „Sandtage“, die man vergessen konnte. Nur der Tag sieben, Freitagabend bis Samstagabend, war der rechte, echte, wahre Tag, der Sabbat.

Diese Gedanken waren in dieser Ausschließlichkeit neu für mich und ich freute mich darüber, dass ich den strenggläubigen Orthodoxen mitgenommen hatte. Denn hier war ich an der Quelle, kein Buch und keine Erzählung konnten mir diese Denk- und Glaubenswelt so nahebringen wie er, der völlig überzeugt war von der Richtigkeit und Wahrheit seiner Worte.

Heute, 30 Jahre später verweise ich auf Deborah Feldman und ihr sehr beeindruckendes Buch „Unorthodox“, die aus ihrem eigenen Erleben das Leben in der chassidischen Sekte bzw. Gemeinde „Satmar“ und ihre Flucht aus ihr beschreibt.

Stärke und Gefahren dieser das ganze Leben bestimmenden Frömmigkeit und Religiosität kommen hier sehr lebendig und eindrücklich zum Ausdruck.

Auch das Gefährliche an solchen religiösen Überzeugungen und Haltungen und das Bedürfnis zumindest von einzelnen Menschen, dieser ultraorthodoxen Glaubens- und Lebensform zu entfliehen.

Mein Beifahrer erklärte mir, dass Gott jeden Menschen zum Messias erwählen könne, Alter und Gesundheit spielten dabei keine Rolle. Darum hielt er die Ansicht einer Gruppe von Ultraorthodoxen in Amerika, dass ihr verehrter Rebbe Menachem Mendel Schneerson der Messias sei, für durchaus zutreffend, auch wenn der 90jährige durch einen Schlaganfall gelähmt war.

Endlich erreichten wir den abgelegenen Ort, der mit einem hohen Drahtzaum umgeben war. Unmittelbar nachdem ich durch das offene Tor beim Wächterhäuschen gefahren war, sollte ich stoppen. Der junge Mann stieg aus, verabschiedet sich freundlich und ging auf die Häuser zu. Ich wendete den Wagen und fuhr zurück, gut eineinhalb Stunden Fahrt lagen vor mir Angst wollte mich ein wenig beschleichen. Aber ich betete, stellte das Radio an und suchte als einsamer Fahrer auf der Höhe des Golans, vorbei an kleinen Siedlungen und militärischen Einrichtungen den Weg über Afik und En Gev nach Tiberias. Dabei wunderte ich mich, dass es in dieser Gegend des Golan einen kleinen See gab, in dem sich das recht helle Mondlicht spiegelte. Nach langer, recht anstrengender Fahrt erreichte ich gegen 23 Uhr das Hotel. Im Zimmer fühlte ich mich geborgen, atmete auf und schlief schnell ein.

Am frühen Morgen lockte der einzigartige See wieder zum Baden. Nach einem kräftigen Frühstück, dem gewohnten Lesen in der Bibel und der vertrauten Gebetsübung fuhr ich zum Berg der Seligpreisungen. Er war mir von früheren Reisen wohlvertraut und ich war von Tabgha aus schon mehrfach zu ihm hinaufgewandert, auf der dunkelrot-braunen, eisenhaltigen Erde, über Kalksteine und Basalt, umgeben von hohen, hellgelben, ausgebleichten Gräsern. Vor über zehn Jahren war ich auf einen kräftigen Ölbaum geklettert und las, abgestützt in einer Astgabel, die Bergpredigt aus der Elberfelder Bibel. Das war so eindrücklich und unvergesslich, diese Worte der neuen Tora an dem Ort zu hören, an dem Jesus wohl Teile von ihnen verkündigt hatte. Die ganze Bergpredigt des Matthäus und die Feldrede des Lukas sind ja Kompositionen der Evangelisten bzw. ihrer Mitarbeiter.

Ich betrat den Berg der Seligpreisungen durch ein Tor und war beeindruckt von der wunderschön angelegten, sehr gepflegten Gartenanlage die über Wege und Stufen zur achteckigen Kuppelkirche führte. Franziskanerinnen lebten hier und pflegten den Ort, der für mich von besonderer Bedeutung war, liebevoll.

Einmal hatte ich eine von ihnen gefragt, wie oft und wie lange sie und ihre Schwerstern am Tag beten und sie hatte mir nur kurz geantwortet: Wir beten immer, ob als Gruppe oder in den verschiedenen Bereichen, in denen wir arbeiten. Wir zählen das nicht in Stunden, wir beten immer.

Hier hatte ich Christen aus aller Welt die Heilige Messe oder das Abendmahl feiern sehen und ich selber durfte schon zweimal mit Gruppenteilnehmern die sakramentale, endzeitliche Dankfeier der Christen hier feiern und erleben. Beim Gang um die achteckige Kirche bot sich ein herrlicher Blick hinunter zum See. Im Inneren kniete ich in einer der Bänke nieder und erlebte die Liturgie einer katholischen Gruppe mit. Nach dem Gottesdienst besuchte ich den Souvenierladen mit besonders schönen Postkarten und Andenken, von denen ich einige kaufte. Ein Gedanke auf einer Karte, den ich vor Jahren las, blieb mir in Erinnerung. Er lautete sinngemäß: Wir Nachfolgerinnen und Nachfolger von Jesus suchen gerne den direkten Weg in den Himmel, gleichsam über die Erde hinweg, wie über eine Seilbrücke. Aber Gott führt uns hinunter wie in einen Canyon hinein, ganz ins Irdische und lässt uns das oft mühsame, finstere Tal durchqueren und am andern Ende wieder hochsteigen, das ist unser Weg in den Himmel. Die Wahrheit dieses Wortes konnte ich aus eigener Erfahrung voll bestätigen.

Ich fuhr weiter nach Chorazin. Jesus sprach sein „Wehe" auch über diesen Ort, da die Bewohner auf seine Verkündigung hin nicht Buße getan hatten. Das Ruinenfeld mit seiner Basaltsteinmasse in Grau-, Schwarz- und Brauntönen von Flechten überwachsen, sprach mich sehr an. So stellte ich mir die Gegend und Landschaft vor, in der Jesus gelebt und gewirkt hatte. Der Blick nach Südosten Richtung See Genezareth zeigte das ursprüngliche Galiläa, wie vor Tausenden von Jahren. Über zwei Stunden hielt ich mich in Chorazin auf, schlenderte durch die ganze Ausgrabungsstätte und erforschte ihre gesamte Ausdehnung. Schließlich setzte ich mich auf eine Bank und holte mein Tagebuch heraus. Ich wollte Bilanz ziehen, Bilanz meines bisherigen Lebens. Und ich wollte einen Entwurf erstellen, einen Entwurf meines weiteren Lebens, natürlich unter der Vorgabe des „Sub conditione Jacobaea" „So Gott will, werden wir leben,…".

Alles sollte unter der Prämisse stehen: Sein Wille geschehe!

Mein erstes Lebensziel sollte die Königsherrschaft Gottes sein. Ich ordnete meine Lebensjahre in einem Siebenerschritt. Vielleicht war doch etwas dran an der Lehre, dass jeweils sieben Jahre eine in sich geschlossene Einheit bildeten, und dass das in verschiedensten Bereichen galt, eben auch in dem des Prozesses, wörtlich des „Vor-Schreitens" des menschlichen Lebens.

Die Jahre 1 bis 7:

Ich dachte an die *ersten sieben Jahre* meiner Kindheit. Sie warten geprägt von der Geborgenheit im Elternhaus, aber auch von den Schmerzen einer schweren Mittelohrentzündung im Alter von kaum 2 Jahren, verbunden mit einer Operation hinten an beiden Ohren und den damit verbundenen sechs- bis achtwöchigen Aufenthalt in der Klinik in Tübingen, ohne

Kontakt zu meiner Mutter. Sie durfte auf ärztliches Geheiß mich nur durch eine Glasscheibe ansehen, das Zimmer nicht betreten, mich nicht auf den Arm nehmen und an sich drücken, mir keine lieben Worte und Zärtlichkeiten schenken. Meine Mutter erzählte mir so manches Mal von dieser auch für sie sehr schweren und schmerzlichen Zeit und dem Orakel einer Nachbarin: „Den wirst du wohl nicht behalten dürfen." Und der Arzt, der die Operationen durchführte sagte zu ihr: „Ich kann nicht garantieren, dass das Gehör erhalten bleiben wird."

Aus tiefenpsychologischer Sicht kann ich mir gut vorstellen, dass ich damals tief traumatisiert, umgangssprachlich gesagt „verwettert" wurde und dass die Angst, die mich in all meinen bisherigen Lebensjahren begleitet hat, auf jene extremen Schmerzzustände und das schreckliche Verlassenheitserlebnis ohne Mutter zurückzuführen ist.

Als Kleinkind war ich dem Erleben und Erleiden ja hilflos ausgeliefert.

Die Jahre 8 bis 14

Die Jahre *acht bis vierzehn* waren geprägt von meinem starken Willen, der sich seine Ziele erfüllen wollte. Das galt besonders daheim, im Miteinander und Konkurrieren mit meinem drei Jahre älteren Bruder und auch in der Schule, die für mich Arbeiter- und Bauernbuben sowohl herausfordernd als auch horizonterweiternd waren.

Im Elternhaus wurde uns das Wissen um Gott, um die höhere Macht, um den „lieben Heiland" und damit verbunden die Ehrfurcht und der Respekt vor dem Heiligen vermittelt.

Vulgäre, unanständige Wörter waren undenkbar und wurden rustikal unterbunden und verboten. Es war selbstverständlich, dass wir ehrlich und fleißig waren und halfen, soweit wir konnten. Die Woche war klar gegliedert durch sechs Tage Arbeit und den Tag der Ruhe, den Sonntag, der einen Hinweis auf Erlösung in sich trug. Wir gingen regelmäßig in die Kirche, wir Kinder in die Kinderkirche und die Erwachsenen in den Gottesdienst.

Der Besuch des Gymnasiums in Reutlingen eröffnete mir die neue, vielfältige Welt der Stadt mit ihren Möglichkeiten und Verlockungen. Zusammen mit meinen Schulkameraden kaufte ich im Merkur einen elegante Zigarettenhalter und wir rauchten auf dem „Plätze" des CVJM verbunden mit kräftigem Husten. Und in Reutlingen gab es ja einige Kinos mit verlockenden Farbbildern von spärlich bekleideten Frauen.

Daheim belohnte ich mich durch das Lesen von Karl May Büchern und vielen anderen für die verschiedenen Belastungen durch die alltäglichen Streitereien der Erwachsenen, die sich oft schwertaten miteinander und für die häufigen Aufgaben in Haus und Hof, auf Äckern und Wiesen, die wir selbstverständlich mit zu erfüllen hatten. Und auch in der Schule hatte ich große Sorgen, ob ich das Abitur schaffen würde. Die Welt der Bücher und die Zeit mit Gleichaltrigen beim Fußballspielen schenkte mir eine eigene, persönliche, private, schöne Gegenwelt.

Im Konfirmandenunterricht, als ich 13 Jahre alt war, stellte mir unser lieber Pfarrer eines Tages bei der Verabschiedung die schicksalhafte Frage: „Hans-Peter, willst du nicht Pfarrer werden?" Was immer ihn dazu veranlasst hatte, ob er bemerkt hatte, dass ich mit hoher Aufmerksamkeit und großem Ernst dem Unterricht gefolgt war oder ob es ihm eingegeben worden war, die Frage stand im Raum und alles in mir schrie: „Nein, alles, bloß das nicht! Ich werde nicht Pfarrer!“

Pfarrer kamen mir vor wie ausgestellt in einem Schaufenster, sie konnten nicht leben, wie sie wollten, sie wurden von ihren Mitmenschen auf Schritt und Tritt beobachtet. Und vor allem konnte ich mir nicht vorstellen, dass Pfarrer schöne Frauen bekommen konnten.

Aber in mein Leben gehörten ja auch andere Erfahrungen hinein, im Alter von etwa sechs Jahren, z.B. vor dem Einschlafen wunderbare Erfahrungen der Gegenwart Gottes, absolute Geborgenheit in der Gemeinschaft mit ihm mit höchsten Glücksgefühlen.

Und andererseits im Alter von etwa 12 Jahren schlimme Angstgefühle.

Wenn ich im Bett lag pochte mein Herz, es wurde mir heiß und eng, ich wusste nicht aus noch ein. In meiner Not sagte ich zu Gott sinngemäß: „In Ordnung, wenn es sein muss, dann werde ich Pfarrer, wenn du mich nur leben lässt.“ Das war das größte Opfer, das ich bringen konnte. Es widersprach all meinen eigenen Plänen und Zielen.

Was sollte ich nur tun, ich war in schrecklichen inneren Nöten. Ich ging zu meinem Pfarrer, der seinen Vorgänger abgelöst hatte, und bat ihn um ein seelsorgerliches Gespräch. Aus meiner Sicht führte er dieses sehr gut. Er gab mir den Rat, mir in meinen jungen Jahren über diese Frage noch nicht den Kopf zu zerbrechen. Und er sagte mir, er könne sich nicht vorstellen, dass Gott mich als Pfarrer wollte, wenn ich unter keinen Umständen diesen Weg für mich sah. Dieser Rat war so befreiend für mich, ich ging hinaus, unsagbar erleichtert in das Leben als 14-Jähriger und sagte immer wieder zu mir selber: „Alles gut, du musst nicht Pfarrer werden.“

Es folgten unbekümmerte Phasen als pubertierender Jugendlicher, vor allem tagsüber, abends und nachts aber beschlich mich die Angst, die Angst vor der Dunkelheit, der Einsamkeit, die Angst vor Einbrechern.

Aber ich hatte ja eine entscheidende Hilfe zur Hand: *das Gebet.*

Es schenkte mir die Möglichkeit, meine Ängste in Worten auszudrücken und sie Gott anzuvertrauen. Immer wieder wurde ich ruhig in der Einsamkeit der Nacht, schlief gegen 23 Uhr ein und stand kurz nach 6 Uhr vor der Aufgabe den neuen Tag in Angriff zu nehmen.

Mädchen ab etwa 14 Jahren und Frauen interessierten mich sehr, vor allem sexuell, sie erfüllten mein Denken. Erste Freundschaften wurden mir geschenkt mit Spaziergängen zu zweit, Händchenhalten, Küssen, Zärtlichkeiten, Stehblues-Tanzen, das Erleben, Erfahren und Erspüren des wunderbar weichen, warmen weiblichen Körpers, die für mich schönste irdische Gabe, das Wunder der Sexualität.

Ich bin der Meinung, dass die Erschaffung der Frau Gottes absolutes Meisterstück ist.

Die Jahre 15 bis 21

Meine eigene körperliche Reife ging recht langsam vor sich, mache Gleichaltrigen hatten viel stärker behaarte Arme und kräftigen Bartwuchs, aber so langsam ging es auch bei mir vorwärts Richtung junger Mann. Mit 15 war ich beschnitten (aus medizinischen Gründen), eine schmerzhafte Angelegenheit im physischen und psychischen Bereich. Jahrzehnte später sagte mir ein Arzt, dass seine eigene Beschneidung seine erste Schönheitsoperation gewesen sei. So konnte man das also auch sehen.

In diese Zeit hinein fiel eine Mandel-Operation, die recht rustikal im Krankenhaus in Reutlingen durchgeführt wurde. Natürlich hatte ich Angst davor und richtig schlimm wurde es als die Wunden, kaum dass ich zu Hause war, nachbluteten. Es half alles nichts, ich musste so schnell wie möglich wieder in die Klinik wo durch unangenehme Aktionen durch den Mund tief hinunter in den Hals die Blutungen gestillt wurden. Es dauerte lange, bis ich mich von diesem Eingriff erholt hatte.

Es waren die 68er Jahre, auch ich hatte lange Haare, hörte Rock- und Popmusik, interessierte mich für die Texte der Lieder und nahm Abstand von blasphemischen oder menschenverachtenden. Musik wurde mir zur Therapeutin, Radio Luxemburg, nachts um 23 Uhr, einfach gut. In dieser Zeit schrieb ich Tagebuch, hatte den ersten meiner zwei besten Freunde. Wir waren unzertrennlich und luden Mädchen zu Partys ein. Im Keller des Hauses meines Freundes hatten wir einen Raum bunt angestrichen und ein Poster der „Easy Riders“ hing an der Wand. Jeder Gast durfte sich mit einem wasserfesten Filzstift an der Wand verewigen.

Im Alter von 20 Jahren sagte mir meine damalige Freundin, dass sie sich mich viel besser als Pfarrer als Lehrer vorstellen könnte. Das war wie ein Türöffner für ich. Wir verbrachten gemeinsame Zeiten im CVJM, der sich vom „Christlichen Verein Junger Männer“ in den „Christlichen Verein Junger Menschen“ entwickelt hatte. Sie hörte meine Beiträge bei den Bibelarbeiten und war davon sehr angesprochen und beeindruckt.

Die Jahre 22 bis 28

Damit war für mich der Bann gebrochen: Ich wollte Pfarrer werden. Nach einem Jahr Zivildienst in einem Kinderheim ging es auf das Sprachenkolleg nach Stuttgart um Altgriechisch und Latein zu lernen und dann 1975 nach Tübingen an die Uni, wo nach dem Hebraicum das Theologiestudium so richtig Fahrt aufnahm.

Das waren die Jahre 1975 bis 1981 und ich war längst allein, Single und trauerte drei Jahre um eine verlorene Liebe und Beziehung.

Das Verhältnis zu Gott, geprägt durch das pietistische Fundament meines Heimatortes und erweitert durch so wunderbare Menschen und Schwestern wie Theresa von Avila, war Trost und Hilfe auf diesem jahrelangen Weg mit mir selber. Ich spürte, dass ich nicht reif und frei für eine neue Beziehung war und dachte ernsthaft daran, aus Liebe zu Jesus Mönch zu werden.

Lesen in der Bibel, Studieren der Evangelischen Theologie, Pflege einiger weniger engen Freundschaften, ausgedehnte Spaziergänge und stundenlange Gebetsübungen gehörten damals in meinen Alltag.

Herausragend waren in jenen Tagen großartige Reisen, mehrfach in die Türkei mit meinem gleichaltrigen türkischen Freund und einem älteren Reisebegleiter, allein nach Griechenland, auf den Berg Athos, nach Korinth und Athen, und immer wieder wochenlang nach Israel, mit Zug und Schiff und später mit dem Flugzeug.

Ich wohnte noch im Elternhaus, in einem eigenen Zimmer mit Kochgelegenheit und Bad.

Lange hatte ich gebraucht, um mich von meiner Mutter zu lösen, aber 1981 im Alter von 27 Jahren war es so weit.

Ich trat meine Stelle als Vikar in Lichtenstein-Unterhausen an und wohnte allein in einem großen Haus, das die Kirchengemeinde angemietet hatte

Die Jahre 29 bis 35

Ich war erwachsen, wurde Vikar in Unterhausen und damit zur Amtsperson. Größter Respekt erfüllte mich vor dem geistlichen Amt. Ich spürte den prüfenden und wohlwollenden Blick der Leute, wenn ich das Haus verließ, auch die Belastung, die mit dem Amt verbunden war. Ich war begeistert, wenn ich in der stundenlangen Predigtvorbereitung in die Tiefe eines biblischen Textes eindringen und eine bisher ungekannte Bedeutung aus dem hebräischen oder altgriechischen Urtext zu Tage fördern konnte. Oft war ich im „Flow" und vergaß die Zeit, mit ganzem Herzen und wachen Sinnen vertieft in die Heilige Schrift. Und die Gemeinde dankte es mir durch wertschätzende Rückmeldungen.

Fast zehn Jahre hatte ich versucht, ehelos zu leben, aber jetzt wurde mir klar, dass es für mich so nicht weitergehen konnte. Es waren gute Jahre gewesen, Jahre des inneren Wachstums und der gesamtmenschlichen Reife, der Verzicht, gerade auch auf sexuellem Gebiet, war nicht nur Verlust sondern auch Gewinn.

Aber ich spürte, dass das Thema Sexualität mich immer begleiten würde und dass ich, auch um mich und andere Menschen nicht zu verletzten, eine Frau finden und heiraten musste. Ich brauchte, wenn möglich, eine Dauerlösung.

Ich wünschte mir, wenn es Gottes Wille sein sollte, das ganze Leben in seiner Spanne bis zum 70. oder 80. Jahr erleben zu dürfen, mit Frau und Kindern, mit allem, was in den Lebenslauf in Ehe und Familie hineingehört.

Und ich fand in meiner Frau genau die richtige, passende, hilfreiche Partnerin für dieses „Abenteuer Ehe", das Leben zu zweit, verbindlich, mit großer innerer Kraft und Ausdauer und vor allem voll Güte und Liebe. Ganz nebenbei war und ist sie eine wunderbare Therapeutin meiner doch auch recht narzistischen Persönlichkeit.

Im Herbst 1983 heirateten wir und auf uns beide kam eine große Umstellung zu. Meine Frau hatte mich als begeisternden Verkündiger des Evangeliums und als einfühlsamen, verständnisvollen Seelsorger gekannt und musst sich nun mit mir als fehlerhaften, schwachen Mann auseinandersetzen, mit meiner Ich-Bezogenheit und meinem starken, testosterongesteuerten Willen.

Und ich musste Abschied nehmen von allen illusorischen, romantischen, verklärten Vorstellungen des Ehelebens und meine sehr schöne Frau annehmen mit ihrer so besonderen Art, ihren genetischen und frühkindlichen Prägungen und ihrer unergründlichen Persönlichkeit.

Es gelang uns mit Gottes Hilfe und mit beharrlicher Arbeit an uns selber uns immer besser zu verstehen und zu akzeptieren, dankbar zu sein für alles Schöne, Erfüllende und Beglückende und Belastendes, Frustrierendes und Enttäuschendes auszuhalten und zu akzeptieren.

Wir bekamen unsere drei wunderbaren Kinder geschenkt, erlebten viel Bewahrung und Freude. In dieser Zeit wurde unsere Familie durch einen lieben Freund bereichert, der seinen Lebensabend bis zu seinem Tod 1992 bei uns im Pfarrhaus verbrachte. Von ihm, den unsere Kinder sehr, sehr gern hatten, hatte ich vor Jahren den entscheidenden Impuls erhalten, nach Israel zu reisen und mich mit dem Judentum intensiv zu beschäftigen. Er wurde mir zum „Starez", zum Seelsorger und engen Vertrauten, zu einem der wichtigsten Menschen, deren Nähe mir Gott geschenkt hat.

Die Jahre 36 bis 39

Diese Jahre waren aus meiner Sicht erfreulich für mich. Beruflich und finanziell ging es uns gut, ich war längst Pfarrer auf einer ständigen Stelle in einer Doppelgemeinde. In Ehe und Familie ging es lebendig, manchmal auch laut und kontrovers zu, wir standen in einem ständigen Dialog und unsere Kinder zeigten, dass sie den starken Willen ihres Vaters geerbt hatten.

Nun befand ich mich mit 39 Jahren fast am Ende der sechsten Siebereinheit meines Lebens. Wie sollte es weitergehen mit mir und uns?

Gottes Wille sollte geschehen, das hatte oberste Priorität. Aber, was war sein Wille? Sollten wir noch einige Jahre in der Gemeinde bleiben? Oder sollte ich auf eine andere Stelle wechseln? Oder sollten wir etwas ganz anders machen, z.B. auswandern nach Israel und dort in irgendeiner Form tätig sein?

Viele Gedanken gingen mir durch den Kopf. Persönlich wäre es mir am liebsten gewesen, so bald wie möglich so lange wie möglich in Israel zu leben. Aber ich sah auch die Verantwortung für die Familie und die vielen Fragen, die mit einer solchen Entscheidung verbunden waren.

Auf jeden Fall wollte ich, falls Gott mich auf dieser Welt alt werden lassen würde, im Ruhestand zumindest zeitweise in Israel leben.

Wie ging es wirklich weiter?

Es ist zu verlockend für mich, jetzt im Rückblick die Jahre bis zu meinem 70. Geburtstag kurz zu skizzieren.

Die Jahre 43 bis 49

1994 besuchten wir als Familie zwei Wochen Israel, mitten im Sommer, bei brütender Hitze und doch so kindgerecht wie möglich mit Baden im See Genezareth, einigen wenigen Besuchen biblischer Stätten, tollen Abenteuern wie das Durchschreiten des Tunnels in Megiddo, einigen Tagen in Jerusalem und einem schönen Ausklang am Mittelmeer in Netanya. Diese Reise gehört zu den schönsten Geschenken meines Lebens. Gott schenkt Verwirklichung und er hatte uns als Familie nach Israel gebracht und auch wieder gesund und wohlbehalten zurück nach Haus, trotz meiner schrecklichen Flugangst.

1995 erfolgte der Stellenwechsel nach Schönaich, auf die geschäftsführende Pfarrstelle. Das war eine große Umstellung für uns alle und besonders die tatkräftige, praktische Hilfe meiner Frau trug zum Gelingen bei. Wir gewöhnten uns ein, die Kinder fanden neue Freundinnen und Freunde in den Schulen, meine Frau war in verschiedenen Gruppen und Kreisen voll integriert und ich hatte Kopf und Herz voll mit Aufgaben, Anteilnehmen, Unterricht, Pfarrbüro, der Begleitung von ca. 30 Gruppen und Kreisen und vor allem mit der Verkündigung des Evangeliums. Dies alles gelang auf der Basis von Gebet und Stille, das Wichtigste zuerst, das galt hier ganz besonders. Natürlich gab es auch Missverständnisse und Konflikte, aber grundsätzlich war es mir am wichtigsten Frieden in die Gemeinde zu bringen und ihn zu erhalten.

Die Jahre 50 bis 57

Es wurde uns geschenkt, dass wir gesund bleiben durften und unsere Dienste und Aufgaben erfüllen konnten. Das ging nur, weil meine Frau mich ständig unterstützt hat. Wir lebten und praktizierten Arbeitsteilung. Sie war zuständig für die Kinder, Haus und Hof, Essen, Waschen, Putzen, all die vielen Arbeiten in der Familie und ich war von morgens bis abends, oft bis in die Nacht im Amt, im Büro, in der Schule, bei Besuchen, im Konfirmandenunterricht, im Kirchengemeinderat in Taufgesprächen, Vorbereitungen von kirchlichen Trauungen und in vielen, vielen Trauergesprächen, bei Krankenbesuchen und in seelsorgerlichen Gesprächen und vielem mehr. Meine Wochendienstzeit betrug ca. 60 Stunden. Mit Gottes Hilfe durften wir es bewältigen, aber ich wusste, dass ich diese Belastung nicht bis zum Ruhestand durchhalten konnte.

Dazu kam ja mein sehr „originelles" Einschätzen der Bedeutung meiner Person. Ich hielt mich ja noch für zu Höherem berufen und versuchte eine Dekanstelle zu erhalten.

Meine Aktivitäten scheiterten, auch die in Bezug auf eine besonders herausragende Pfarrstelle in Württemberg und schließlich zogen wir 2010 nach Oferdingen an den Neckar um dort auf einer kleineren Pfarrstelle bis zum Ruhestand zu wohnen und tätig zu sein.

Hier galt für mich im wahrsten Sinne des Wortes: „Willkommen in der Realität, in der Realität einer kleineren Gemeinde und in der Realität unserer Familienaufstellung und des Umgangs mit meinen eigenen Dämonen.

Verluste und Niederlagen, das Scheitern von Plänen gehört in unser Leben hinein, es tut weh, aber wir gewinnen auch. Wir erkennen die Begrenztheit unserer Möglichkeiten und die Füh-

rung Gottes, es geht eben nach seinem Willen und nicht nach unserem und das ist, vom Ende her gesehen auch gut, ja sehr gut.

Persönliche Kränkungen habe ich durch lange Spaziergänge und Joggen bearbeitet und verarbeitet. Bibellesen und Gebet gehörten ja ohnehin in mein Leben hinein und ärztliche Hilfe und Medikamente waren auch sehr wichtig.

Die Jahre 58 bis 63

Es ging hinunter, im wahrsten Sinne des Wortes, an einen Ort unten, direkt am Neckar, dem schwäbischen Jordan, auf ein wunderschönes Ensemble von Pfarrhaus und Kirche, das vor Jahrhunderten auf einer Steinplatte gebaut, von Pliezhausen her gesehen einen außergewöhnlich schönen Eindruck macht, allerdings von der Sonne nicht verwöhnt wurde.

Es ging auch beruflich „hinunter", von einer großen angesehenen Stelle in eine kleine Gemeinde, in der andere Spielregeln galten.

In der neuen Gemeinde war ich zunächst nicht der angesehene, geschätzte Pfarrer, der anspruchsvolle Aufgaben bewältigen konnte, sondern der Neue, der sich eingewöhnen musste und an den man sich erst gewöhnen musste. Und es gab von einigen evangelikalen, freikirchlich geprägten Mitchristen Erwartungen, die ich nicht erfüllen konnte.

Die Jahre 63 bis 70

Ich gab mein Bestes, suchte in großer persönlicher Not ein Beratungsgespräch mit meinem Dienstvorgesetzten und ging auf dessen Rat in eine Reha an den Bodensee.

Dort reifte mein Plan und meine Entscheidung, zum frühestmöglichen Zeitpunkt in den Ruhestand zu gehen. Dies am 31. Dezember 2016.

Am 1. Januar 2017 war ich im Alter von 63 Jahren im Ruhestand.

Seit über sieben Jahren dürfen wir jetzt als glückliches und dankbares Ehepaar in Pfullingen leben.

Meine Frau hat schöne Aufgaben im diakonischen Ehrenamt und in der Begleitung unserer drei Enkelkinder gefunden und ich fülle den Tag mit Bibelstudium, Gebet, Arbeit am PC, Mittagsruhe, Spaziergängen, Lesen, Gitarrespielen und viel Fernsehen.

Im Rückblick bin ich einfach dankbar, dankbar für viel Bewahrung und Durchhilfe und für viel Schönes und Wohltuendes und besonders für den Ausblick nach vorne, das „Vorschreiten" auf die endgültige Begegnung mit Jesus und das Leben in Gottes Wirklichkeit im neuen Äon.

Nach einem türkischen Kaffee bei dem Kartenverkäufer der Anlage fuhr ich an Safed (Zfat) vorbei in den hohen Norden. Ich wollte nach Rosh haNiqra, dem weißen Kreidefels „Höhlenkopf", der an der Grenze zum Libanon an der Mittelmeerküste aufragte. Vorbei am über 1000 Meter hohen Berg Meron führte die Fahrt auf einer Landstraße durch das bewaldete Bergland von Obergaliläa.

Vom Aussichtspunkt in Rosh haNikra bot sich ein wunderschöner Blick auf die gerade Küstenlinie nach Süden und hinaus auf das Mittelmeer, das auf Hebräisch „Jam Hagadol", „Das Große Meer" heißt. Auch vom Restaurant aus konnte ich diesen Blick genießen und im wahrsten Sinne des Wortes Leib und Seele stärken und sättigen.

Ich befand mich an einer geschichtsträchtigen Stelle. Alexander der Große hatte 333 v. Chr. auf seinem Feldzug nach Ägypten den Felsen durch Stufen leichter begehbar machen lassen, durch die „Skala Tyiorum", „Die Leiter von Tyros".

Am Grenzübergang herrschte ein reges Kommen und Gehen. Fein gekleidete Reisende aus dem Libanon waren unterwegs und Familien in typisch orientalischer Tracht, die Frauen trugen Kopftücher und schleppten schwere Lasten mit sich.

Ich klärte an einem öffentlichen Apparat telefonisch den Termin für einen Besuch bei meiner guten Bekannten ab, dazu musste ich sogenannte „Assimonim" kaufen, kleine Münzen, die ich in den Apparat einwarf. Meine Bekannte, mit der zusammen ich schon einige Gruppenreisen geleitet hatte, freute sich sehr über den Anruf und lud mich für den Sabbatnachmittag also den Samstagnachmittag auf den Karmel zu sich nach Haifa ein. Eigentlich wollte ich den Sabbat mit einem Synagogenbesuch und anschließender Ruhe verbringen, aber ihr Wunsch hatte Vorrang. Ich fragte sie, ob es denn am Sabbat erlaubt sei, mit dem Auto zu fahren oder ob ich damit zu rechnen hätte, von Ultraorthodoxen mit Steinen beworfen zu werden. Empört erwiderte sie, wir seien hier nicht in Mea Shearim und dass in Israel eine Gruppe von modernen, aufgeschossenen Bürgerinnen und Bürgern das erklärte politische Ziel hätten, offensichtlich überholte Vorschriften abzuschaffen.

Ich willigte gerne auf ihren Vorschlag ein und freute mich auf die Begegnung mit ihr.

Nach einem letzten tiefen Höhenblick über die Küste und das Meer fuhr ich nach Nahariya, einer von deutschen Juden, sogenannten „Jekkes“ gegründeten Stadt. Dort badete ich im Mittelmeer und hielt eine kleine Siesta.

Anschließend bummelte ich am Ga'aton-Fluß entlang durch die Innenstadt, wechselte hundert DM in Shekel und fuhr stadtauswärts Richtung Osten. Am Stadtrand ließ ich ein Pärchen einsteigen und wir unterhielten uns während er Fahrt wie üblich auf Englisch. Die beiden waren freundliche, höfliche Leute aus dem außergewöhnlich schön hergerichteten Ort „Dorf der Rosen bei Ma'alot. Sie konnten es kaum fassen, als ich ihnen sagte, dass ich Zeit hätte und sie gerne bis nach Hause fahren würde. Der junge Mann erzählte mir, dass er an Religion interessiert sei, aber das Lesen in der Tora aufgegeben hätte, weil er nicht verstand, was dort geschrieben war. Ich sagte ihm, dass ich täglich im Tanach und im Neuen Testament lesen würde, so selbstverständlich, wie ich täglich essen und trinken würde und dass es mir nichts ausmachen würde, wen ich einiges oder vieles nicht verstehen würde. Wichtig sei für mich, dass ich mit den Heiligen Schriften leben würde und das, was ich verstehen würde, ausleben würde.

Als uns Anlagen, die mit verschiedenen Rosensorten bepflanzt waren ins Auge fielen, wusste auch ich, dass das „Dorf der Rosen“ erreicht war und nach einer freundschaftlichen Verabschiedung trennten sich unsere Wege und ich machte mich auf den Weg nach Safed (Zfat), das 840 Meter über dem Meeresspiegel liegt.

Gegen sechs Uhr abends erreichte ich die „Stadt des Windes“, parkte und bummelte durch ihre Straßen. Nachdem ich einen gewaltigen Bogen um den alten Stadtkern zurückgelegt hatte, fand ich endlich die Fußgängerzone mit ihren Straßencafés. Ich suchte einen Platz, von dem aus ich den Sonnenuntergang betrachten konnte. Als die Bedienung kam bestellte ich einige große Stücke Kuchen und Schwarztee mit Pfefferminzblättern. Es kostete mich einige Erklärungsversuche bis mein Wunsch „Tea with mint, with real plants“ verstanden wurde, aber schließlich klappte es. Ich hatte dieses Getränk nicht ohne Grund bestellt.

Es erinnerte mich an die Reise vor knapp zehn Jahren mit meiner damaligen Verlobten und späteren Frau. Genau hier in Safed (Zfat) hatten wir Schwarztee mit richtigen Pfefferminzblättern getrunken und das köstliche Aroma hatte uns beide begeistert. So saß ich, aß und trank gedankenverloren und dachte an meine Frau. Die Leute bummelten an mir vorbei, unterhielten sich, ein Mädchen schlang ihre Arme um den Hals ihres Freundes, der Soldat war.

Die Sonne versank hinter den Bergen und ich entschloss mich einen Whisky zu bestellen. Als der Besitzer ihn brachte lud ich ihn zu einer Runde ein. Er war schon in Deutschland gewesen und fand es sehr wichtig, zu reisen. Die Menschen kamen sich näher und verstanden sich besser, wenn sie auf Reisen gingen. Davon war er überzeugt. Ich stimmte ihm zu, genoss die leichte Benommenheit durch den Whisky und blieb lange sitzen in Safed (Zfat), der Stadt des irdischen und himmlisches Windes, einer der vier heiligen Städte des Judentums.

Tag 6: Chamsin

„Chamsin" ist Arabisch und bedeutet „fünfzig".

Bezeichnet wird damit ein trockener heißer Wüstenwind, der in einem gewissen Zeitfenster von ca. fünfzig Tagen zwischen Frühjahr und Sommer auf Zypern und in der gesamten Levante auftritt. Er ist für Mensch und Tier sehr belastend, ja furchtbar. Denn dieser „Wind es Südens" ist nicht nur heiß, sondern vom Roten Meer her auch feucht.

Er ist der Schirokko Palästinas.

In Lukas 12,53 heißt es von ihm: „Und wenn ihr den Südwind wehen seht, so sagt ihr: Es wird heiß werden" und in Hiob 37,17 lesen wir: „Du, dem die Kleider heiß werden, wenn das Land stillliegt unter dem Südwind." Er ist auch der Wind vom Sinai her, schwarz von Staubmassen und mit Gewittern, so beschrieben in Sacharja 9,14: „JAHWE wird über ihnen erscheinen, und seine Pfeile werden ausfahren wie der Blitz, und JAHWE wird in das Horn stoßen und einherfahren in den Stürmen vom Südland."

In Israel und dem gesamten Nahen Osten wehen auch der Westwind, Ostwind und der Nordwind.

Der Westwind, der von Oktober bis April weht, bringt Regen und damit Fruchtbarkeit, der Ostwind aus der syrisch-arabischen Wüste trocken heiße Luft, er weht zur Zeit der Felder, die reif zur Ernte sind, so im Mai, Juni, zu Beginn der Trockenzeit. Von ihm ist in Johannes 4,35 die Rede. Der Nordwind bestimmt das Hochdruckgebiet der trockenen Sommerzeit führt im Oktober aber die kalte nordeuropäische Luft heran, die zu ersten Regenfällen führt. So Sprüche 25,23: „Nordwind bringt

Regen" oder Jeremia 47,2: „Siehe, es kommen Wasser heran von Norden, sie werden zum reißenden Strom …" Der Nordwind hat also doppelten Charakter.

Mit großer Aufmerksamkeit und angemessener Geschwindigkeit legte ich die kurvenreiche Strecke ca. 1000 Meter zum See hinunter zurück. In Kare Deshe legte ich einen Stopp ein und fragte an der Rezeption, ob ich ein Weilchen an dem See sitzen könne. Dies wurde mir gern gestattet, ich nahm zwei Stühle und saß in unmittelbarer Nähe zum Wasser am Badestrand der Jugendherberge. Tiefe Stille umgab mich, der Vollmond erhellte die sternklare Nacht. Der See murmelte ein leises Lied mit seinen sehr sanft plätschernden Wellen. In der Ferne grüßten die Lichter von Tiberias und der verstreut liegenden Siedlungen auf den Golanhöhen. Ich schaute hinauf zum Himmel und versuchte, immer mehr glitzernde Sterne zu erkennen.

Wer sind wir Menschen, ging es mir durch den Kopf, was ist unsere Welt angesichts der Weite des Himmels und des Universums?

Wie gut war es, um den Schöpfer zu wissen und nicht verloren im All existieren zu müssen.

Spät erreichte ich das Hotel, ging zu Bett und schlief morgens lange aus. Nach dem Frühstück und dem Morgenritual fuhr ich wieder nach Kare Deshe. Ich wollte den ganzen Tag dort am See bleiben und das war gegen einen geringen Geldbetrag möglich.

Es war drückend heiß und es wehte ein kräftezehrender Wind, der Chamsin, denn es war auch so schwül.

Nur mit der Badehose bekleidet erkundigte ich das im spanischen Hacienda-Stil erbaute Gebäude. Auf dem Flachdach gab es eine Cafeteria, am Ufer standen riesige Eukalyptusbäume, die den dringend benötigten Schatten boten. Der See lag regungslos und schwer in der Gluthitze. Die Gästeschar bestand aus Jugendlichen, Familien und weiteren Erwachsenen. Ein Elternpaar zog sein kleines, höchstens zweijähriges Kind vorsichtig durch das warme Wasser, trocknete es ab und legte es zum Mittagsschlaf unter einen Baum. Außerhalb des Bereiches der Jugendherberge waren einige arabische Familien am See. Ihre lebhafte Unterhaltung vermischte sich mit den klagenden, teilweise schrillen Klängen aus ihren Radios. Die Jungen kletterten auf einen Baum, rutschten den Ast, der sich zum See hin beugte entlang und sprangen mit Freudenschreien ins Wasser.

Ich fühlte mich müde und geschafft und konnte mich nur dazu aufraffen, zwei- dreimal ins Wasser zu gehen und einige Züge zu schwimmen um mich ein wenig abzukühlen und zu erfrischen. Danach nahm ich einen Reiseführer zur Hand und begann von Seite eins an in ihm zu lesen. So manches war mir schon bekannt, aber ich störte mich nicht daran denn spätestens seit dem Lateinunterricht kannte ich die Weisheit „Repetitio est mater studiorum", „Die Wiederholung ist die Mutter des Lernens". Nachdem ich recht lange gelesen hatte, legte ich das Buch zur Seite und ruhte unter einem Baum auf der außergewöhnlich weichen und tiefen Rasenfläche zwischen dem Gebäude und dem See aus. An diesem Tag war ich zu nichts anderem fähig, als auszuruhen und herumzuhängen.

Später erzählte mir ein junger Mann, dass er und seine Bekannte leider schon ein Problem miterlebt hätten. Sie waren in einer Gruppe im Golan unterwegs gewesen, als plötzlich eine Frau aus ihrer Schar zusammenbrach. Sie musste ins Krankenhaus gebracht werden und wir alle hofften, dass sie die

Kreislaufschwäche überstehen und bald wieder ganz gesund sein würde.

Mich überraschte der Vorfall nicht. Ich konnte mir nicht vorstellen an diesem Tag bei diesem Wetter irgendetwas zu unternehmen, das mit auch noch so kleinen Anstrengungen verbunden war.

Kurz nach vier Uhr fuhr ich stadteinwärts. In wenigen Stunden begann der Sabbat und obwohl ich mich nicht gut fühlte freute ich mich auf seine Ruhe.

Am Stadtrand von Migdal hielt ich bei einem Restaurant. Ich wollte mir etwas Gutes tun und beschloss einen Petrusfisch zu essen. Das Lokal war geräumig, aber ich suchte mir den falschen, d.h. den heißesten Platz aus. Im hinteren Bereich setze ich mich, weil ich von dort den Berg Arbel sehen konnte. Die Sonne schien unbarmherzig und es gab kleine Ventilatoren.

Ich bestellte Grapefruit-Saft und den Fisch und wurde nach kurzer Zeit mit einer sehr ansprechenden Fischplatte und sechs verschiedenen Salaten und Gemüsen bedient. Das Essen schmeckte ausgezeichnet, aber ich fühlte mich unwohl. Angst stieg in mir auf, umzukippen und ohnmächtig zu werden. Deshalb aß ich nur den Fisch und sehr wenig von den anderen Zutaten. Wenn es mir gesundheitlich besser gegangen wäre, hätte ich alles in kürzester Zeit verputzt.

Ich fühlte mich richtig elend, bezahlte die Rechnung, die mit 15 Dollar absolut angemessen war und schleppte mich zum Ausgang. Jetzt erst bemerkte ich, dass im vorderen Bereich des Lokales einige Ventilatoren liefen und die Hitze deutlich schwächer war als im hinteren.

Ich hatte nur noch einen Wunsch: zum Hotel zu kommen, zu duschen und auszuruhen. Das tat ich auch, aber selbst das kalte Wasser war heute nicht so erfrischend wie sonst und es roch auch ein bisschen.

Endlich lag ich auf dem Bett, konnte ausspannen und erholte mich langsam.

Was war das nur für ein Wetter heute und warum hatte ich mich so schlecht gefühlt?

Die Erklärung lieferte der Wetterbericht: Es herrschte Chamsin, der frühsommerliche Wüstenwind Sharav, der starke Hitzewellen und feuchte Luft vom Roten Meer mit sich führte. Auf der Schautafel der Region war ein dicker roter Pfeil eingezeichnet, der sich von der Sinai-Halbinsel im Bogen über Israel bis in den Norden erstreckte. Die Temperaturen im Land lagen bei ca. 40 Grad im Schatten und das Klima und Wetter am See Genezareth war durch seine tiefe Lage im Jordangraben besonders drückend.

Erstaunlicherweise fühlte ich mich nach gut einer Stunde im kühlen Zimmer deutlich besser, vielleicht half auch eine halbe Tablette mit. Ich traute mir zu, zu Fuß in die Innenstadt zu gehen und eine Synagoge zu suchen. Dort wollte ich an einer Feier zu Beginn des Sabbats teilnehmen.

Im Hotel fand ein Abendprogramm statt, zu dem ich herzlich eingeladen wurde, aber ich wollte zunächst in die Synagoge gehen.

Tag 7: Shabbat

Als ich das Hotel verließ, war der sechste Tag vergangen und der siebte, der Shabbat angebrochen. Die ursprüngliche Bedeutung des Shabbats als Tabutag war mir bewusst. „Gedenke des Sabbattages, ihn zu heiligen“ bedeutet: „Greife am Sabbattag nicht in die Schöpfung ein.“

Wie würde es der Schöpfung gehen, wenn wir Menschen dieses Gebot weltweit befolgt hätten?!

Wenn wir von Freitagabend bis Samstagabend nachgedacht hätten, meditiert hätten, reflektiert hätten, gedankt und gefeiert hätten, GOTT, den Schöpfer ehrfürchtig angebetet hätten, unsere Nichtigkeit und Gottebenbildlichkeit, unser Von ihm geliebt-Sein erkannt hätten?!

In der Fußgängerzone am Ufer des Sees waren viele Menschen unterwegs. Frauen schoben Kinderwagen, Kinder sprangen fröhlich herum, Straßenhändler boten Schmuck zum Kauf an.

Ich fragte mich zu einer Synagoge, dem „Bet HaKneseth“, dem „Haus der Versammlung“ durch und fand schließlich deren recht versteckten Eingang.

Die gottesdienstliche Feier war in vollem Gange, ja sie hatte beinahe ihr Ende erreicht. Ich trug auf dem Kopf eine Kippa, zwei Spängchen sorgten dafür, dass sie nicht herunterfiel. Der Innenraum wirkte einladend, die Decken waren in Kuppeln gestaltet und in der Mitte befand sich ein erhöhter Bereich, von dem aus der Vorbeter sang. An einer Seitenwand wurde hinter kostbar verzierten Stoffen eine wertvolle alte Torarolle aufbewahrt. An dieser Wand konnte ich die Zehn Gebote in Abkürzungen auf Hebräisch lesen.

Die Beter hatten sich in verschiedenen Kleingruppen, manche auch alleine aufgestellt. Einige saßen auf Bänken, sie alle trugen weite Gebetsschals über dem Kopf oder den Schultern und bewegten sich unterschiedlich stark mit dem Oberkörper im Singsang der Gebete.

Die Lautstärke, die Intensität und Konzentration waren sehr unterschiedlich. Einige der Männer schienen völlig losgelöst von allem Irdischen, tief eingedrungen in das Geheimnis ihrer Gottesbeziehung, andere wirkten mehr im Hier und Jetzt, unterbrachen ihre Gebete auch um mit jemandem zu reden und schienen nicht ganz bei der Sache zu sein.

Ich nahm mir ein Gebetbuch und wollte an diesem Abend nur als freundlicher Beobachter und Gast bei der Feier sein. Ich konnte den Anschluss an die Liturgie nicht mehr finden und der Gottesdienst wurde nach kurzer Zeit beendet.

Beim Verlassen der Synagoge wurde mir mitgeteilt, dass morgen früh um 7 Uhr der nächste Gottesdienst stattfinden würde und ich beschloss sofort, ihn zu besuchen.

Einen Vorgeschmack hatte ich erhalten und als Christ war es für mich kein Problem, in eine Synagoge zu gehen. Unser HERR hatte ja zu seinen Lebzeiten regelmäßig am Synagogengottesdienst teilgenommen und auch das Wort ergriffen und Wunder getan. Außerdem verband mich mit den hier Feiernden der Glaube an den GOTT Abrahams, Isaaks und Jakobs.

Zurück im Hotel erlebte ich die weltliche, säkulare Gestaltung des Sabbatabends und damit die Wahrheit der Erkenntnis „Unterhaltung ersetzt Religion“ die ja in vielen Ländern weltweit gilt.

Die Anwesenden waren festlich gekleidet und ließen so die Sonderstellung des Sabbats sichtbar werden. Das Abendprogramm hatte noch nicht begonnen, also suchte ich die Bar auf. Eine Reisegruppe aus Bayern hatte sich dort in bester Stimmung eingefunden. Eine etwa 60-jährige Teilnehmerin wollte ein Glas Weißwein bestellen, aber der Barkeeper erklärte ihr, dass nur ganze Flaschen ausgegeben wurden. Nachdem sie trotz hartnäckiger Versuche diese Regelung nicht umstoßen konnte, wandte ich mich an sie und fragte sie, ob ich sie zu einem Glas Weißwein einladen dürfe. Ich kaufte eine ganze Flasche, sie trank ein zwei Gläser, ich den Rest und wir pflegten eine Runde freundlichen Small Talk.

Später unterhielt ich mich mit dem Barkeeper. Er arbeite er seit Kurzem in diesem Hotel und war davor jahrelang in Eilat am Roten Meer tätig gewesen. Er war Muslim und wurde pausenlos mit teilweise recht ausgefallenen Wünschen der zahlreichen Gäste überschüttet. Als besonderen Service mir gegenüber legte er meine Flasche Weißwein sofort, nachdem ich um ein weiteres Glas gebeten hatte, zurück in ein Kühlfach. Er verstand sein Handwerk.

Ich ging von der Bar in den größeren Raum, in dem die Unterhaltungsveranstaltung stattfinden solle, in der Hand völlig unauffällig die kühle Weinflasche, schräg liegend in einem geflochtenen Halter.

Eine Gruppe von ca. 40 älteren Jüdinnen und Juden hatte sich eingefunden, ich vermutete, dass sie Neueinwanderer waren, war mir aber nicht sicher. Ein junger Mann war extra aus einer anderen Stadt angereist und unterhielt die Anwesenden die nächsten zwei Stunden. Sie wurden zu verschiedenen Spielen eingeladen, er zeigte einige Zauberkünste und Kartentricks und begeisterte sein Publikum vor allem mit „Bingo“ in verschiedensten Variationen. Ich saß an einem der hinteren Tische, leerte die Flasche Weißwein und lernte vor allem ein hebräisches Wort, das an diesem Abend unzählige Male genannt wurde, das hebräische Wort für „Zahl", „mispar." Die Teilnehmer spielte begeistert mit, voll Humor und guter Laune, vergaßen für einige Zeit ihre Sorgen und fühlten sich wohl. Gegen 23 Uhr war die Veranstaltung beendet und ich legte mich schlafen.

Am Sabbatmorgen war ich einer der ersten in der Synagoge. Ich wurde freundlich begrüßt und erhielt einen Gebetsschal überreicht. Ich küsste die eingestickten Worte aus der Tora oben in seiner Mitte und legte ihn über die Schultern. Es kamen immer mehr Männer, für Frauen war eine Empore eingerichtet, die zunächst leer blieb. Die Beter entfalteten mit großer Inbrunst ihren Gebetsschal, küssten ihn, verbargen das Gesicht für kurze Zeit ganz unter ihm und legten ihn dann über den Kopf oder die Schultern. Alle hatten Gebetsbücher zur Hand und begannen individuell leise oder laut Gebete zu rezitiere, wobei sie immer wider an besonders wichtigen Stellen gemeinsam mit ihren Stimmen einfielen und lauter beteten.

Dieses Geschehen wirkte auf mich optisch und akustisch wie ein Urgeschehen. Hier war Israel versammelt, die Gemeinschaft des auserwählten Volkes. Jahrhunderte und Jahrtausende schmolzen zusammen, Zeit verlor ihre Bedeutung, hier geschah das praktizierte Bundesverhältnis, die Antwort Israels auf den Ruf JAHWE Gottes.

Allein das Dabeisein-Dürfen empfand ich als großes Geschenk. Es störte mich nicht, dass ich dem Fortgang der Feier nur bruchstückhaft folgen konnte, der Gesamteindruck genügte.

Der Vorbeter, ein junger Mann kam in Begleitung einiger Jungen, die wohl auf ihre Bar-Mizwa vorbereitet wurden. Er übernahm die Leitung des weiteren Gottesdienstes und die ca. 30 Beter stimmten mit ein. Einige Stellen durften die Jugendlichen vorsingen.

Gegen 9 Uhr war die Feier beendet und ich strebte dem Frühstück zu. Ich las in der Bibel, betete meditativ, kontemplativ und ruhte anschließend ein Stündlein aus.

Es war Sabbat, der Tag des Nichteingreifens in die Schöpfung, für mich als Christ der Tag der Freiheit durch unseren HERRN Jesus Christus. In ihm war und ist die neue Schöpfung präsent, darum sind wir als seine Gemeinde frei von allen Vorschriften und dürfen als die Kinder Gottes das Schöne und Gute genießen und fröhlich und dankbar sein über alles, was Gott zu unserem Wohl und zum Wohl der ganzen Menschheit und Schöpfung in Seinem Sohn getan hat. Das wird deutlich durch die Heilungen Jesu am Sabbat und die ausdrückliche Erlaubnis an seine Jünger, Ähren abzureißen, zwischen den Händen zu zerreiben und die Körner zu essen. Jesus ist eben der Herr über den Sabbat und der Sabbat ist für die Menschen da und nicht die Menschen für den Sabbat.

In dieser Christus-Freiheit genoss ich die Sabbatruhe und begab mich gegen 12 Uhr auf die Fahrt zu meiner guten Bekannten nach Haifa. Draußen herrschte eine Gluthitze, es nützte wenig, das Fenster zu öffnen, denn der Fahrtwind brachte keine Kühlung.

Gegen 13:30 Uhr erreichte ich die wunderschöne Hafenstadt Haifa, fuhr auf der Hafenstraße im Bogen durch die Stadt und freute mich über den herrlichen Blick zum tiefblauen Meer. In einem Blumenladen kaufte ich einen Strauß für meine Bekannte und eine Topfpflanze zum Aufhängen für meinen

Freund, mit dem ich die bisherigen Gruppenreisen durchgeführt hatte. Er wollte auch später zu uns kommen.

Nach einigen Fehlversuchen stieg der Uno tapfer den Berg Karmel hoch und ich parkte in der Nähe der Wohnung meiner Bekannten. Wir hatte uns zu 15 Uhr verabredet, es war noch ein bisschen Zeit und ich setzte mich in den Schatten eines kleinen Straßencafés. Die Temperaturen waren deutlich erträglicher, es wehte ein leichter Wind, ich trank Orangensaft und beobachtete die Menschen um mich. Familien aßen Eis, diskutierten lebhaft über ein Thema, versorgten ihre Kinder, die Atmosphäre war gelöst, locker und freundlich. Am Nebentisch nahm ein junges Paar Platz, sie eine Schönheit mit einer unbezähmbaren Fülle wilder Locken, er mit kurz geschnittenen Haaren, klaren Gesichtszügen, seine Finger spielerisch mit den ihren verbunden.

Punkt 15 Uhr klingelte ich bei meiner Bekannten. Sie empfing mich sehr freundlich, trug ein leichtes Kleid, das ihr ausgezeichnet stand und freut sich über den Blumenstrauß. Ihre Wohnung war sehr geschmackvoll eingerichtet. Es folgte ein intensiver, anspruchsvoller Gedankenaustausch, denn meine Bekannte war blitzgescheit und hat einen sehr regen Geist. Sie war interessiert an den Fragen der Welt im Allgemeinen und des Lebens im Großen und im Kleinen und begabt mit einem klaren, überlegten Denken. Was ihre Religion betraf, sagte sie über sich selbst: „I am a nonobservant Jew." Meines Wissens ging sie nicht in die Synagoge, legte die Speisegebote sehr originell großzügig aus und hatte eine negative Meinung über die Strengreligiösen. Politisch war Jizchak Rabin ihr Lieblingspolitiker und seine Ermordung 1995 eine furchtbare Tragödie für sie.

Wir saßen auf dem Balkon und hatten den Verlauf des Karmelgebirges Richtung Süden vor Augen. Ich hörte ihr aufmerksam zu und antwortete auf ihre Fragen so verständlich und klar wie möglich. Wir berührten so alltägliche Themen wie die Familie und neue Reisepläne, kamen aber auch auf so anspruchsvolle, komplexe Themen wie Homosexualität und Verhaltensweisen zwischen Männern und Frauen zu sprechen. Sie bezeichnete sich selbst als eine nicht die jüdischen Regelungen und Gebote einhaltende Jüdin und befürwortete durchaus eine Veränderung in der gesellschaftlichen Haltung gegenüber Homosexuellen. Sie hatte Verständnis für diese Lebens- und Liebesform. Für sie kam erst dort eine Grenze, wo damit kokettiert wurde, den Umzug eines Christopher-Street-Days würde sie nicht besuchen. Meine Meinung zu diesem Themenbereich interessierte sie sehr.

Für mich war die Bbblische Überlieferung von entscheidender Bedeutung. Ihre Traditionen und Offenbarungen, die in einem langen historischen Prozess entstanden waren, waren für mich Heilige Schrift, von Gott inspirierte Verkündigung.

Die Überlieferungen der Tora in Rede, Anrede und Gebot waren eindeutig. Homosexualität wurde verboten, war nicht erlaubt. Im Neuen Testament lehrte Paulus im Römerbrief, dass Homosexualität ein Zeichen für das Dahingegeben-Sein der Menschheit ist. Wir Menschen hätten Gott in seiner Schöpfung erkennen können, aber stattdessen beteten wir die Geschöpfe wie Götter an und vergaßen, den Schöpfer zu ehren, zu lieben und ihm zu gehorchen.

Für mich als heterosexuell lebender und empfindender Mann war das leicht zu hören und zu befolgen. Ich hatte zwei, drei sehr unangenehme Erlebnisse mit homosexuellen Männern in meinem Leben gehabt, die ich sehr abstoßend und eindeutig grenzüberschreitend empfunden hatte.

Andererseits wusste ich um das große Leiden unter dem viele Homosexuelle standen. Sie konnten doch nichts für ihre Gefühle und Empfindungen, für ihre sexuelle Orientierungen und Neigungen.

Wie konnte ich helfen? Konnte ich überhaupt helfen? Klar war für mich, dass ich in keiner Weise Homosexuelle beleidigen und herabwürdigen würde, schlecht über sie denken und reden würde oder ihnen Gewalt antun würde.

Ich kannte ja die Erkenntnisse der Sexualwissenschaften und der Medizin, aus denen klar hervorging, dass Homosexualität genetisch bedingt sein konnte oder im Laufe der Entwicklung in Kindheit und Jugend erworben werden konnte.

Die Erkenntnisse des Klinischen Sexualpsychologen Dr. Christoph I. Ahlers, die er in seinem grundlegenden Buch „Himmel auf Erden und Hölle im Kopf – Was Sexualität für uns bedeutet" ausführlich darlegt, waren mir damals noch nicht bekannt.

Im Alter von 40 Jahren sah ich Homosexualität eher kritisch. Der Blick auf die Worte und die Haltung Jesu, sein liebevolles Verhalten allen Menschen gegenüber, gerade auch Randgruppen gegenüber, hat mich verändert und deutlich vorsichtiger werden lassen.

Jetzt, im Alter von 70 Jahren wünsche ich allen Menschen, dass sie ihre Sexualität, wie auch immer sie geartet sei, auf schöne, respektvolle und lustvolle Weise erleben dürfen, einvernehmlich, als eine einzigartige, ganz besondere Form der Kommunikation zwischen zwei Menschen, als wirklich zentrale menschliche Lebenserfahrung.

Meine Bekannte erkundigte sich nach der Meinung der Kirche und meines Wissens gab es hier die unterschiedlichsten Haltungen, Beurteilungen und Einschätzungen, die von absolutem Verbot bis zu völligem Erlauben reichten.

Was sollten Christen tun, die homosexuell, bisexuell oder in anderer Form nicht heterosexuell waren? Durch Gebet und Selbsterforschung oder den Verzicht auf das Ausleben ihrer Bedürfnisse und Neigungen irgendwie damit klarzukommen? Das war doch kein guter Rat, keine echte Lösung.

In Israel hatte eine Aktion für Aufmerksamkeit gesorgt. Eine Politikerin hatte Homosexuelle in die Knesset eingeladen, um gegen deren Diskriminierung zu protestieren. Die „Jüdische Wochenzeitung" hatte darüber berichtet und u.a. Meinungen von Rabbinen zitiert, die Homosexualität eine fehlerhafte Verhaltensweise nannten, sich aber mit einer Verurteilung der Betroffenen zurückhielten.

Auch für mich kam eine Hetzkampagne gegen Homosexuelle nicht infrage.

Wir verließen das Thema, da so viele Gesichtspunkte in sich schloss, tranken Kaffee und warten auf unseren Bekannten, der sein Kommen angekündigt hatte.

Gegen sieben Uhr kam er endlich, sichtlich gestresst von unaufschiebbaren Arbeiten. Nach einer freundschaftlichen Begrüßung überreichte ich ihm die Grünpflanze, über die er sich tatsächlich sehr freute und die einen ganz besonderen Platz in seinem Büro erhalten sollte. Er hatte einer Gruppe wichtige Reiseunterlagen zum Flughafen bringen müssen, war am Morgen am See Genezareth gewesen und anschließend nach Süden gestartet. Jetzt saß er recht erschöpft bei uns. Wir hatten uns vor gut einem Jahr über eine gemeinsame Bekannte kennengelernt und die Zusammenarbeit bei unserer ersten gemeinsam geplanten Gruppenreise mit ihm als Koordinator vor Ort war einfach spitze. Die Teilnehmer der Reise waren vom Gesamtprogramm und den Kosten sehr angetan. Wir drei gingen in ein Restaurant und tauschten bei einem leichten, leckeren vegetarischen Gericht Erinnerungen aus. Natürlich sprachen wir auch über zukünftige Pläne.

Es war 21 Uhr als wir uns auf den Heimweg machten. Gut sechs Stunden hatte mein Besuch gedauert und ich spürte, dass wir uns wirklich begegnet waren, ganz im Sinne von Martin Bubers tiefer Erkenntnis, dass alles wahre Leben Begegnung ist. In guter Stimmung suchte ich den Weg durch das nächtliche Haifa und fuhr über Nazareth nach Tiberias.

Tag 8: Tränen

Ich war nun eine Woche unterwegs und erfüllt von dem bisher Erlebten. Auf meinem Zimmer im Hotel telefonierte ich mit meiner Frau und den Kindern, in Israel war es bereits 23 Uhr und in Deutschland erst 22 Uhr. Ich freute mich, dass unsere Kinder noch wach waren und ich mit ihnen reden konnte. Es ging ihnen gut, das Wetter war sehr heiß, über 30 Grad, ich konnte es kaum glauben. Sonja kam mit den Kindern und allen weiteren Aufgaben klar, das beruhigte mich und ich schlief rasch ein.

Am nächsten Morgen schwamm ich zum letzten Mal auf dieser Reise im See Genezareth. Es war Sonntag und ich reiste weiter nach Jerusalem. Der Sonntag war für mich in erster Linie der Tag der Auferstehung unseres HERRN, das Fest des neuen Lebens. Den Ortswechsel konnte ich an ihm gut vornehmen. Vor der Abreise machte ich eine Bestandsaufnahme meiner Finanzen. Es gab keinen Grund zur Besorgnis, das Geld reichte gut, wenn ich weiter so wirtschaftete wie bisher. Ich packte meinen Koffer und achtete bewusst darauf, alles sehr ordentlich einzuräumen. An der Rezeption gab ich den Zimmerschlüssel zurück, verabschiedete mich und freute mich darüber, dass meine schöne Freibadbekanntschaft zu mir sagte „I enjoyed to meet you." Für mich war es eine Bestätigung dafür, dass wir dann, wenn wir die Liebe Gottes in uns leben lassen und sie an andere weitergeben, zurückgeliebt werden und Freude und Gegenliebe auslösen.

Recht wehmütig sagte ich „Auf Wiedersehn" zum Yam Kinneret, dem See Genezareth und hoffte, bald wieder hier sein zu dürfen. In der Stadt ging ich zum Postamt und kaufte Briefmarken, allerdings erst nach einer langen Wartezeit in einer Schlange von Kunden und dem Umwechseln von Dollar in

Sekel in der gegenüberliegenden Bank, nachdem ich erfahren hatte, dass man hier nur mit Shekel bezahlen konnte. Ich hatte ja Zeit, setzte mich mit einem gekühlten Getränk und klebte sorgfältig Briefmarken auf die Postkarten mit wunderschönen Motiven, die ich Verwandten, Freunden und Bekannten senden wollte. Als dies erledigt war, stieg ich ins Auto und fuhr bei schrecklicher Chamsin-Hitze über die Route Afula, Hadera, Petah Tiqwa nach Jerusalem.

Ich kam in eine ganz besondere Stimmung, denn es war mir klar, dass das In-Jerusalem-Sein der Höhepunkt einer jeden Reise nach Israel war.

An einem Verkaufsstand auf der Autobahn bei Latrun legte ich eine Rast ein, kaufte ein Kilo zuckersüßer Trauben, zwei belegte Brote und eine große Flasche Wasser und ließ es mir im Freien schmecken. Das Kibbuz-Hotel Maale HaChamisha bei Abu Gosch auf den Jerusalemer Bergen erreichte ich gegen 15 Uhr. An der Rezeption wurde ich sehr freundlich empfangen, erhielt ein schönes Zimmer und ruhte mich erst einmal ein wenig aus. Eine Stunde später fuhr ich stadteinwärts und erreichte über verschiedene Umwege den Stadtbereich am Jaffa Gate. Dort fand ich in der Nähe des YMCA-Hotels einen Parkplatz. Gemächlichen Schrittes ging ich Richtung Altstadt, die Möglichkeit eines terroristischen Anschlages belastete mich und ich sah mich immer wieder verstohlen um.

Durch das Jaffa Gate betrat ich die Altstadt innerhalb der Stadtmauer. Ich hielt mich rechts und strebte an der Davids-Zitadelle vorbei dem armenischen Viertel zu. Die Straße war schmal und ich drückte mich immer wieder an die Mauern der Gebäude, wenn Autos an mir vorbeifuhren. Seit vielen Jahrhunderten wohnten in diesem Viertel der Altstadt armenische Christen und an den Wänden der Häuser informierten aufgeklebte Flugblätter über den Völkermord an den Armeniern zu Beginn des 20. Jahrhunderts durch die Osmanen und Türken.

Ich setzte meinen Weg fort in der ruhigen Gewissheit, dass er mich zum jüdischen Viertel und damit zur Westmauer des Tempelbezirkes führen würde. Hier im jüdischen Viertel fühlte ich mich wie zu Hause. Die Straßen, Wege, Gässchen und die Häuser waren mit Jerusalemstein neu angelegt, es gefiel mir sehr gut und die jüdische Bevölkerung vermittelte mir Sicherheit. Ich fühlte eine innere Ergriffenheit und es kam mir vor als würde ich mich im Zeitlupentempo bewegen. Mein Weg führte vorbei an der Hurva-Synagoge, deren Bogen sich ausdrucksstark in die Höhe spannte. Mir wurde magenschwach und ich suchte in den winkeligen Gassen ein Lokal auf, stärkte mich mit zwei dick belegten Wurstbroten und reichlich Trinken.

Anschließend legte ich die wenigen Meter bis zum Blick auf den Tempelberg zurück. Da lag sie vor mir, die Mauer mit den Quadersteinen, die zum Teil von gewaltiger Größe waren. Und darüber der Felsendom, eingerüstet, graublau seine Kuppe, deren Gold erneuert wurde.

Zum Folgenden verweise sich auf das sehr informative und ausgewogene Buch von Joseph Croitoru „Al-Aqsa oder Tempelberg. Der ewige Kampf um Jerusalems heilige Stätten", das im Verlag C.H. Beck erschienen ist.

Ich schaute auf den zentralen Ort der Welt, auf den Berg Moria, auf dem Abraham die Überwindung des Menschenopfers geschenkt worden war, auf den Berg Zion, den Gott sich auserwählt hatte, um seinen Namen dort wohnen zu lassen, ich schaute auf den Tempelberg.

In merkwürdiger Stimmung näherte ich mich der Gebetsstätte an der Westmauer, im Geist sehr wach und ergriffen.

Ich befestige das Käppchen an meinem Kopfhaar und ging vorbei an vielen Betern zur Berührung der Steine. Behutsam, ja zärtlich lehnte ich mich gegen sie, meine leicht erhobenen Hände und mein Gesicht spürten sie.

Ich begann zu beten, auf Hebräisch, das Vaterunser, einen Psalm, was mir in den Sinn kam und immer wieder „Baruch ata Adonai", „Gepriesen, gesegnet seist DU, HERR". Und ich sprach lese „Jeschua Ha Maschiach", „Jesus Messias".

Ich erlebte eine innere Öffnung, eine Weitung, eine wunderbare Leichtigkeit des Seins.

Ich dachte an die Wege Gottes mit den Menschen in den vergangenen Zeiten, an David und die weiteren Könige, an Jesaja und die anderen Propheten und an die Scharen der Sterbenden in den Kämpfen um Jerusalem in den Zeiten der Belagerungen durch die Babylonier und die Römer.

Und ich sah vor mir die vielen anderen Menschen, aus den Völkern, die Verfolgten um ihres Glaubens willen, die Kriegsopfer, die Frauen und Kinder, die Männer, die Alten und die Jungen.

Es überkam mich, ich begann zu weinen und sagte zu Gott unter Tränen: VATER, warum? Warum das alles, das Leid der Menschen, warum dein Leid? Und was wird noch kommen, Vater, warum?

Ich weinte still weiter und schmeckte die salzigen Tränen auf den Lippen…

Schließlich wurde mein Weinen leichter, es tat weniger weh und es tat mir gut.

Ich weinte, weil ich erkannte, dass es das Beste war, was ich hier tun konnte.

Ich weinte über die zweimalige Zerstörung des Tempels und über die Mitbeter um mich, die unter rhythmischen Bewegungen in ihre Gebete versunken waren.

So blieb ich an meinem Platz stehen, es ging mir gut, das Weinen hatte eine allgemeine Erleichterung bewirkt. Ein längst vergessenes Gefühl aus der Kindheit stellte sich bei mir ein, das angenehme Gefühl nach Schlägen und Tränen, allein, geläutert.

Erziehungsmethoden

Damals, in den 60er Jahren des vergangenen Jahrhunderts war es leider weit verbreitet, dass Kinder von ihren Eltern oder anderen Erwachsenen geschlagen wurden. Der Grund dafür war z.B. Ungehorsam, das Anstellen von verbotenen Dingen oder das Zu spät nach Hause Kommen zum Abendessen. Es hing auch davon ab, wie es den Erwachsenen ging, wie sehr sie selber gerade gestresst und unter Druck waren.

Ich wurde ungefähr zehnmal im Jahr geschlagen, das lag auch an meiner dickköpfigen, eigensinnigen Art. Geschlagen wurde mit der Hand, dem Kochlöffel oder „Batscher" (Teppichklopfer), auf den Hintern und Rücken. Es war ein Zeichen der Überforderung und Hilflosigkeit der Erwachsenen und ich kann das heute verstehen, obwohl es sicher nicht richtig war und bei den Geschlagenen entweder die Lust am Geschlagen Werden als Form des Masochismus oder die Lust am Selber andere Schlagen als Form des Sadismus bewirken konnte.

Der Ehrlichkeit halber muss ich auch sagen, dass ich selber einige wenige Male unsere Kinder auf eine leichtere Art mit der Hand auf den Hintern geschlagen habe, nicht oft, aber einige Male schon, wenn ich völlig erschöpft und überfordert war.

Kinder können einen zur Weißglut treiben, aber dennoch sind gewaltfreie Reaktionen, Gespräche und Konsequenzen die angemessenen Reaktionen Erziehungsberechtigter.

Wie gesagt, heute kann ich damit umgehen und denke voll Dankbarkeit an die Sicherheit und Geborgenheit, an die Wärme und Liebe und das Sich Kümmern um uns und an den lebenslangen Einsatz unserer Eltern und der weiteren Erwachsenen und ihre auch finanzielle Unterstützung für uns.

Ich konnte mich nicht daran erinnern, wann ich das letzte Mal geweint hatte. Ich war froh, dass es jetzt geschah, ich konnte es ein wenig steuern und ließ meinen Tränen freien Lauf. Was sollte ich auch sonst tun, hier an diesem Ort, an dem sich die Geschichte der Menschen um Gottes Willen bündeln würde zu einem einzigen Brennpunkt?

Weinen, weinen, weinen, um des Warums willen und für das Wozu.

In meine Tränen mischte sich immer mehr Gelassenheit und zaghafte Vorfreude.

Ich wusste, dass JAHWE GOTT eingreifen würde, ich spürte sehr leicht die Gegenwart seines Reiches. Seine Herrlichkeit hatte mich ahnungsvoll ergriffen.

Es fielen einige Regentropfen, ich war überrascht, sie kamen mir fehl am Platz vor.

Ich verließ die Westmauer und wurde von einer Frau und einem Mann mit verwahrlostem Äußeren um Geld abgebettelt. Ich gab ihnen einen kleinen Betrag und erhielt einen roten Faden, um ihn als Glücks- und Segensbringer um das Handgelenk zu binden.

Nachdem ich einige Fotos gemacht hatte suchte ich ein Lokal im jüdischen Viertel auf. In geschmackvoller Einrichtung aß ich ein vegetarisches Gericht und trank ein Glas Rotwein.

Anschließend verließ ich die Altstadt mit ihren engen, verwinkelten Suk-Märkten und ging in Richtung des YMCA-Gebäudes mit seinem markanten Turm.

Als ich das Gebäude betrat lockten innbrünstige Klänge mich zu dem großen Saal im Seitentrakt. Ein Lobpreis-Gottesdienst der „King of Kings Assembly" war in vollem Gange. Christen und Juden feierten mit viel Stimmung und Gefühl ihren gemeinsamen Glauben an den Messias Jeschua. Lieder mit hebräischen und englischen Texten wurden begleitet von Klatschen und Reigentänzen und einige sangen voll Hingebung mit erhobenen Armen. Redner berichteten von Kursen und Colleges, die gut besucht abgeschlossen werden konnten und in größerer Zahl aufs Neue angeboten wurden.

Die Veranstaltung ließ zwiespältige Gefühle und Gedanken in mir aufsteigen.

Zum einen war mir das stark gefühlsbetonte Feiern fremd, zum anderen konnte ich den Teilnehmenden ihre innige Ergriffenheit und starke Ausstrahlung nicht absprechen. Es gab und gibt eben sehr viele verschiedene Formen der Frömmigkeit und des Glaubens.

Tag 9: Schmerzen

Erfüllt vom Nachdenken über das Miterlebte fuhr ich zum Hotel zurück, das ich nach einigen Fehlversuchen kurz nach 21 Uhr glücklich erreichte. Dort schaute ich noch einen traurigen russischen Film an, der auf einem Schiff auf der Wolga spielte und mit den Worten des von seiner großen Liebe Zurückgewiesenen endete: „Wenn ich dich nicht bekomme, dann soll dich niemand bekommen." Er schoss auf sie und sie, tödlich getroffen, hauchte ein „Danke" und brach tot zusammen. Mit einem tiefen Seufzer „Ach ja …" schaltete ich den Fernseher aus und legte mich schlafen.

Am nächsten Morgen las ich in der Bibel und suchte dann den Speisesaal auf, in dem ein reichhaltiges Frühstücksbuffet zum Essen und Genießen einlud. Ich trank einige Joghurt, die köstlich nach Erdbeer, Banane und Zitrone dufteten und sehr gut schmeckten.

Nach einer Zeit der Stille schrieb ich eine Menge Postkarten, am Ende waren es um die zwanzig. In der Cafeteria konnte ich Briefmarken kaufen und im Hotel war ein Briefkasten, in den ich sie einwarf.

In dieser Cafeteria arbeitete ein lieber Bekannter von mir, der mich vor einem Jahr, während er die ganze Zeit meine Hand hielt, mit den Worten verabschiedet hatte: „Bis nächstes Jahr; vielleicht kommt auch vorher der Messias."

Ich unterhielt mich ein wenig mit ihm, kaufte in dem kleinen Laden im Hotel drei Kuscheltiere für unsere Kinder, einen Löwen, ein Schäflein und ein Kamel und machte mich auf den Weg in die Stadt.

Den Fiat Uno parkte ich wieder in der Nähe des YMCA-Gebäudes und ich spürte schon auf dem Weg zum Jaffa-Tor, dass es mir heute psychosomatisch nicht gut ging. Ein Druck lastete auf meiner Brust, so stark, dass es schmerzte. War es das Wetter oder hatte mich das Schreiben der vielen Postkarten überanstrengt oder war es einfach die Ergriffenheit von dem Ort an dem ich mich befand? Ich wusste es nicht. Ich versuchte, so ruhig wie möglich zu bleiben und erreichte durch die Basarstraßen des christlichen Viertels in der Altstadt die Grabeskirche.

Sie war mir durch mehrere Besuche vertraut und mit der Zeit hatte sich meine Abneigung gegen diesen wuchtigen Bau, der auf verschiedenen Ebenen einige Kirchen und Kapellen in sich barg, in stille Akzeptanz verwandelt. Ich wusste, dass sich hier gewaltige Menschenmassen aus aller Herren Länder ihren Weg über schmale Treppen und durch dunkle Räume bahnten. Das störte mich nicht. Ich betrat die Kirche durch den Haupteingang mit den gewaltigen hohen Holztüren, hielt mich nach rechts, stieg die Steintreppe hoch und erreichte den Ort, an dem sich nach der Überlieferung das Kreuz von Golgatha befunden hatte. Hier hatte Jesus sein Leben hingegeben, hier hatte Sühne stattgefunden, hier war er bereit gewesen in den Tod zu gehen, sein Blut zu vergießen und damit die sündhafte Menschheit zum heiligen Gott zu bringen. Und Gott hatte dieses Sühneopfer angenommen und seinen Sohn auferweckt und erhöht und eingesetzt zum Herrn aller Herren und König aller Könige.

Auch aus historisch-wissenschaftlicher Sicht ist es naheliegend, dass die Grabeskirche über dem Felshügel Golgatha erbaut worden war.

Der vielstimmige Lärm der Pilger und die gedämpften Erklärungen der Guides erfüllten den sakralen Ort. Aber wenn ich wirklich Stille gesucht hätte, dann hätte ich sie zum Beispiel in einer der unterirdischen Kapellen gefunden. Und Meditation ist ja auch mitten im Lärm möglich.

Ich saß seitlich, rechts von dem zentralen Kreuz mit dem Kruzifixus auf einer angenehm kühlen Steinbank und beobachtete die Besucher. Es war eine bunte Mischung aus Touristen mit gleichfarbigen Käppchen ihres Reiseanbieters auf dem Kopf, Fotoapparaten und Videokameras griffbereit und immer wieder blitze es auf und unzählige Bilder wurden geschossen.

Zwei, drei Geistliche in schwarzen Gewändern mit hinten zusammengesteckten Haaren saßen bei einem Kerzenständer. Sie verkauften Kerzen, reinigten den Ständer und entfernten die Reste der heruntergebrannten Kerzen. Die Geistlichen gehörten einer der orthodoxen Kirchen an, wohl der armenischen oder griechischen. Nach einiger Zeit näherte ich mich der Ikone des Gekreuzigten.

An seinem Fußende war eine Vertiefung im Gestein, vor der vor allem orthodoxe und katholische Christen niederknieten und den Stein küssten. In dieser Vertiefung sollte das Kreuz befestigt gewesen sein.

Ich kniete nieder und sprach leise ein Vaterunser.

Es wurde stiller im Bereich um mich. Die Menschen sahen, was hier angemessen war und sie akzeptierten es. Über eine andere Treppe erreichte wieder den Boden der Kirche in der Nähe des Salbungssteines, der von orthodoxen Christen inbrünstig geküsst wurde. Ruhig ging ich durch die Kirche, die Treppen hinunter zu verschiedenen Kapellen und wieder hinauf Richtung Ausgang.

Eine Gruppe junger Israelis stand im Eingangsbereich und hörte ihrer Leiterin zu, die in fachkundigen Worten die Entstehungsgeschichte der Church of the Holy Sepulcre erklärte.

Als alle ein überlebensgroßes Bild von Jesus ansahen sagte ich zu den mir am nächsten Stehenden: „Das Wichtigste ist, ER liebt Israel, er ist für Israel und die Völker gestorben und lebt auch für alle." Die Angeredeten waren etwas überrascht und einige nickten zustimmend mir zu.

In einem Souvenierladen in unmittelbarer Nähe der Kirche kaufte ich groß ein.

Der Besitzer freute sich, als ich bei ihm für über 100 Dollar Ikonen, Kreuze, Ketten und andere sakrale Gegenstände aus Olivenholz, Silber oder Schildpatt erwarb. Ich wollte sie daheim an möglichste viele Kinder und Erwachsene verschenken.

Mein nächstes Ziel war der Davidsturm am Jaffa-Tor. Das in der Zitadelle untergebrachte hervorragende Museum der Geschichte Jerusalems lockte mich und ich wollte einige Stunden dort verbringen. Hier wurde die ca. 3000-jährige Geschichte Jerusalems in Modellen, Filmen und durch andere anschauliche Hilfsmittel dargestellt. Ich folgte den Pfeilen des Ausstellungsweges und begann die zweistündige Tour mit einem Faltblatt in deutscher Sprache in der Hand. Da ich Kreislaufprobleme hatte, kaufte ich zuerst einige süße Stückchen und einige Dosen Saft im Kiosk-Buffet. Danach ging es, ganz nach dem Motto „Tief ist der Brunnen der Vergangenheit" hinunter in die kanaanäische Zeit, vor 1000 v. Chr. in der Jerusalem von den Jebusitern bewohnt worden war. Mich faszinierten die Zeichnungen und Modelle mit der tief unten an der Gihonquelle liegenden Stadt und der einige hundert Meter entfernt in der Höhe liegenden Tenne des Arauna auf dem Berg Moria, dem späteren Tempelberg.

Im Jahr 997 v. Chr. gelang es David mit seiner Söldnertruppe, die Stadt einzunehmen, wohl durch den Schacht, durch den man zum kostbaren und überlebensnotwenigen Wasser der Gihonquelle gelangte.

David machte Jerusalem zu seiner Stadt und regierte von hier aus über die Südstämme Juda und einige kleinere sowie die Nordstämme.

Und JAHWE GOTT erwählte Jerusalem zu Seiner Stadt, zu seinem Ort hier auf Erden in dem er anwohnte im Allerheiligsten über der Bundelade im Tempel, den Salomo für IHN erbaute.

JAHWE GOTT erwählte David und seine Sippe, seine Nachkommen zu seinen Stellvertretern hier auf Erden, mit der Inthronisation wurde der Davidnachkomme zum „Sohn Gottes" gleichsam adoptiert und diese Offenbarung, Verkündigung und Tradition wurde später vertieft in den Messianismus.

Auf meinem Rundgang sah ich die farbigen, sehr ansprechend gestalteten Bilder aus der Epoche des ersten Tempels mit den damaligen Gegenständen des Tempelkultes bis zu seiner Zerstörung durch die Babylonier im Jahre 586 v. Chr.

All das fesselte und begeisterte mich.

Es folgten die Abschnitte nach dem Exil, die Rückkehr zum Zion in der Zeit der Perser und die zweite Tempelepoche ab Ende des 6. Jahrhunderts v. Chr.

Anschließend ging es durch die römische Zeit mit der Zerstörung des zweiten Tempels im Jahre 70 n. Chr. und danach in die Zeit der Byzantiner.

Lange versenkte ich mich in ein Modell, das die Stadt so zeigte, wie Jesus sie in etwa gesehen und erlebt hatte mit der klaren Trennung durch die Stadtmauern und dem kleinen Fels Golgatha im Westen außerhalb der ersten und der zweiten Mauer.

Von der frühmoslemischen Zeit ging es in die Kreuzfahrerzeit und die Zeit der Ayubidden. Auch hier schaute ich gebannt auf die „eisernen Männer" in ihren für den Nahen Osten völlig ungeeigneten schweren Rüstungen, hoch zu Ross und ihre Versuche, die Stadt Jerusalem einzunehmen und ein Königreich Jerusalem zu begründen.

Im abschließenden Teil der Ausstellung näherte ich mich über die Mamelucken und Osmanen der Gegenwart und dem Beginn des britischen Mandates.

In einem unterirdischen Raum konnte ich ein Modell Jerusalems aus dem 19. Jahrhundert betrachten, das einige Meter lang und breit war.

Angefüllt und erfüllt mit so viel Geschichte der Stadt bestieg ich den Phasaelturm und genoss von diesem höchsten Aussichtspunkt der gesamten Anlage den freien Blick noch Ost und West und Nord und Süd. Dann setzte ich mich in eine seiner schattigen Ecken um auszuruhen, die gewaltige Fülle an Bildern und Informationen ausklingen zu lassen und die weiteren Besucherinnen und Besucher zu beobachten.

Schulklassen zogen an mir vorüber, Kinder und Jugendliche voll Lebenslust und Übermut, bewundernswert und geduldig belehrt von Lehrerinnen und Lehrern. Denn das Sich-Interessieren für Geschehnisse und Fakten aller Art und das Lernen und noch einmal Lernen ist ja ein Charakterzug der Juden und Israelis aller Zeiten.

Beim Betrachten des bunten Treibens von Einzelreisenden oder Paaren mit Privatguides ging es mir immer besser, manche der Jugendlichen grüßten und lachten mir zu.

Gegen fünf Uhr nachmittags erreichte ich das internationale Gebäude des YMCA. Hier wollte ich am Abend ein Folklore

Konzert mit der Tanzgruppe „Zabarim“ und einer jungen Sängerin aus Jerusalem besuchen.

Das „Jerusalem International YMCA 3 Arches Hotel“ gehörte zur gehobenen Klasse und kam dem berühmten „King David Hotel“ auf der gegenüberliegenden Straßenseite in Preis und Ausstattung recht nahe. Meine Vorstellungen von einem günstigen CVJM-Heim für reisende Jugendliche aus aller Welt wurde gründlich zurechtgerückt, als der Mitarbeiter an der Rezeption des YMCAs mir sehr selbstbewusst antwortete: „Manche kommen vom King David zu uns herüber, weil sei dort unzufrieden waren und sich bei uns viel wohler fühlen.“

Nun, das war nicht meine Welt und ich zog es vor, das Gespräch zu beenden und mich bei einer Tasse Tee dem Studium eines Flyers über das YMCA-Gebäude zu widmen. Dabei stieß ich auf die bemerkenswerte Beschreibung dieses Hauses durch Field Marshal Lord Edmund Lord Allenby vom 18. April 1933.

Sie lautete: „Hier ist ein Platz, dessen Atmosphäre Friede ist, an dem politische und religiöse Eifersüchte vergessen werden können und internationale Einheit gepflegt und entwickelt werden kann.“ Das war so recht nach meinem Geschmack.

Der 153 Fuß hohe Turm des Gebäudes reizte mich und ich wandte mich erneut an die Rezeption mit der Frage, ob man ihn besteigen könne. Obwohl es einer Einzelperson eigentlich nicht erlaubt war, wurde mir gestattet, den Aufzug zu benutzen und mich bis 18 Uhr in der Turmspitze aufzuhalten. Oben angekommen stieg ich einige Stufen zu einer Gebetsnische empor und blieb geraume Zeit in stiller Andacht in dem Kuppelraum. Ich wartete darauf, dass die Sonne die Berge im Westen berührte und knipste je ein Bild in jede Himmelsrichtung.

Als ich wieder unten angekommen war, erkundigte ich mich nach der Verkaufsstelle für die Konzertkarten und erfuhr, dass es keine mehr gab, da die Veranstaltung längst ausverkauft war. Ich war enttäuscht, aber sofort bereit, diese Tatsache nicht einfach so hinzunehmen. Auf irgendeine Weise musste ich in den Saal hineinkommen, und wenn ich drinnen auf dem Boden sitzen würde.

Da es noch gut eine Stunde dauerte, bis der Saal geöffnet wurde, begab ich mich hinaus, überquerte die Straße und fragte den Portier am Haupteingang des King David-Hotels, ob es erlaubt sei, in das Foyer einzutreten. Nach einem Blick in mein Handgepäck gestattete er es mir.

Warmes, goldenes Licht empfing mich in einem großen viereckigen Raum, in dem Gäste standen und saßen. Ohne die Rezeption eines Blickes zu würdigen schritt ich nach links und folgte einem Gang, dessen Wände kostbaren Schmuck hinter Tresorglas und andere sehr wertvolle Kunstgegenstände darboten. Nichts war hier dem Zufall überlassen und einem Hinweis war zu entnehmen, dass es einen Bereich der Epoche des Königs Saul gab, einen von König David und einen von dessen weisem Sohn Salomo. Die Betrachter konnten die Entwicklung des jüdisch-israelitischen Königtums von seinem Beginn bis zu seiner Blütezeit an ausgewählten Gegenständen nachvollziehen und miterleben.

Nach einigen Minuten verließ ich das Luxushotel und suchte den Eingang des Konzertsaales im YMCA-Gebäude auf. Besucher drängten hinein, glücklich ihre Karten schwenkend, andere gingen enttäuscht davon. Ich erfuhr, dass es möglicherweise nach Beginn des Konzertes noch einige freie Plätze gebe und ich dann meine Chance erhalten würde.

Ich wartete gespannt, bette und es ergab sich, wie in Aussicht gestellt. Ich konnte eine Karte für eine Platz in der letzten Reihe erwerben und war am Ziel meiner Wünsche. Das Konzert verlief wie vor einem Jahr, die jungen Frauen und Männer begeisterten das Publikum mit ihrer Körperbeherrschung, Grazie und Eleganz, es war einfach wunderbar.

Während ich die Tänze und Melodien miterlebte, dachte ich an die unzähligen Opfer, die in der Shoah ermordet worden waren, darunter so viele Kinder und Jugendliche. Ich dachte auch an die jungen Palästinenser, die mit vermummten Gesichtern todesbereit Terror und Schrecken über Israel brachten und an die Kinder und Jugendlichen, die in den besetzten Gebieten der Westbank von israelischen Soldaten in Notwehr oder Panik erschossen wurden.

Ich versuchte, diese schweren Gedanken zu verdrängen und mich von den Liedern ablenken zu lassen, die eine große strahlende Sängerin mit langer schwarzer Lockenpracht aus innerstem Herzen sang.

Als sie am Ende des Konzertes einige Freiwillige auf die Bühne bat, war meine Stunde gekommen. Ich hatte nämlich einen Wunsch und hoffte, dass sie ihn erfüllen würde.

Ich sprang also auf und lief durch den ganzen Saal zur Bühne. Zusammen mit mir waren vier weitere Besucher nach oben gekommen, wir erhielten orientalische Instrumente und begleiteten die Sängerin bei einem ihrer Lieder. Sie stellte uns kurz dem Publikum vor und verabschiedete sich mit einem letzten Musikstück mit rasend schnellem Rhythmus von uns. Als sie zu mir kam, sagte ich: „Ich habe einen Wunsch, bitte singe noch „Jeruschalajim schel sahav“. Sie antwortete: „Das geht heute nicht, es ist nicht auf dem Programm, du kannst es auf einer Kassette von mir hören, die Zeit reicht jetzt nicht mehr und die Musiker sind nicht darauf vorbereitet.“

Ich entgegnete: „Du kannst es aus dem Herzen singen.“

Wir verabschiedeten uns, ich hin zurück an meinen Platz, die Veranstaltung ging weiter und am Ende betrat die Sängerin noch einmal die Bühne.

Sie grüßte das Publikum zum Abschluss und sagte: „Und nun machen wir eine Veränderung unseres Programmes und ich singe speziell für Peter „Jerushalajim shel sahav“. Ich rief „Toda raba“ durch den ganzen Raum, alle klatschten in die Hände und sie begann auf Ivrith zu singen (hier eine Übersetzung in Deutsch):

Strophe 1:
„Wein, klare Bergluft und Pinienduft
schwebt im Abendwind mit Glockenklang;
im Tiefschlaf ruhen Baum und Sein
und träumt die einsame Stadt,
die eine Treumauer im Herzen trägt.
Refrain:
Jerusalem aus Gold, mit Kupfer und Licht,
bin ich doch eine Geige für alle deine Lieder.

Strophe 2:
Wie verdorrten doch die Zisternen,
der Marktplatz steht leer;
keiner besucht den Tempelberg in der Altstadt.
Durch die Bäche im Gestein heult der Wind;
keiner steigt hinunter zum Toten Meer
an Jericho vorbei.
Refrain: …

Strophe 3:
Doch heute bin ich hier,
um für dich zu singen

und dir Kronen aufzubinden;
bin ich doch geringer als dein jüngstes Kind
und der letzte deiner Dichter.
Denn dein Name brennt auf den Lippen
wie ein Kuss aus Harz;
vergäße ich dein, Jerusalem,
die voll und ganz aus Gold.
Refrain: …

Strophe 4:
Nun sind wir zurück bei den Zisternen,
im Markt und auf dem Platz;
ein Shofarhorn ruft am Tempelberg,
in der Altstadt;
und in den Höhen im Gestein brennen tausend Sonnen.
So werden wir wieder hinunterfahren zum Toten Meer,
vorbei an Jericho.
Refrain: …

Sie sang es auf wunderbare Weise, kraftvoll, aus Urtiefen.

Alle klatschten begeistert Beifall, dieses Stück war zum Höhepunkt des ganzen Abends geworden.

Nach dem Konzert blieb ich in einer Ecke des Saales stehen und kaufte eine Kassette mit Liedern der Künstlerin. Ich bedankte mich noch einmal sehr herzlich, sie signierte die Kassette und ich spürte, dass meine Liebe und Begeisterung sie erreicht hatte und sie sie gerne zurückgab und erwiderte.

Tag 10: Tod und Leben

Am nächsten Morgen brach ich kurz nach zehn zu einem ganz besonderen Ort auf, nach Yad Vashem.

Yad Vashem ist in Israel die zentrale Gedenkstätte für die Opfer der Shoah, des Völkermordes an den Juden durch Hitler, die Nazis und deren Helfer.

„Yad wa Shem" heißt wörtlich übersetzt „Hand und Name", es wird auch mit „Denkmal und Name" wiedergegeben und stammt aus Jesaja 56 Vers 5: „…ihnen will ICH (JAHWE GOTT) in meinem Haus, in meinen Mauern Denkmal und Namen geben … der nicht soll getilgt werden."

Die Gedenkstätte liegt im Westen von Jerusalem, beim Herzlberg, und dort erreichte ich zunächst den Berg der Erinnerung.

Es fiel mir nicht leicht, mich aufs Neue dem Grauen und Schrecken zu stellen, die allein schon die Bilder und Texte in meiner Seele auslösten, aber ich wusste, dass ich es zu tun hatte, dass es meine Pflicht war, gerade als gebürtiger Deutscher.

Ich betrat das Verwaltungsgebäude, in dem die weltweit umfangreichte Sammlung antisemitischer Schriften aufbewahrt wurde. Anschließend führte mein Weg zu der Gedenkstätte für die ermordete Kinder. Dieser in seiner Gestaltung so beeindruckende und erschütternde Ort war von Abraham und Edita Spiegel aus Beverly Hills, Kalifornien, im Gedenken an ihren Sohn Uziel gestiftet worden.

Uziel war eines der ca. 1,5 Millionen Kinder, die von Deutschen und ihren Helfeshelfern ermordet worden waren.

Ich betrat den Gang, der in einen völlig dunklen Raum führte. An einem Handlauf konnte ich mich weitertasten und hörte nach einiger Zeit Stimmen, sah Lichter funkeln, unzählige, wie die Sterne am Himmel. Einige wenige brennende Kerzen wurden von Spiegelwänden in unterschiedlichen Winkeln reflektiert und ergaben das Lichter- und Sternenmeer.

Ein jedes Licht leuchtete für das Lebenslicht eines ermordeten Kindes.

Eine Stimme sprach Namen, Herkunft, Ort der Ermordung und das Alter auf Hebräisch und Englisch, Name um Name, Jahr um Jahr, Ort um Ort ….

Tränen liefen mir über die Wangen, äußerlich und vor allem innerlich. Schließlich erreichte ich den Ausgang.

Das grelle Licht des hellen Tages blendete mich und ich blieb vor einem Kunstwerk stehen, das Januz Korczak, den Pädagogen, Arzt und Philosophen mit den ihm anvertrauten Kindern darstellte.

Wieviel Mitmenschlichkeit, Fürsorge und Ruhe strahlte sein großes Gesicht aus und welch wunderbare Geste bildete seine schützende, die Kinder umarmende Hand. Wieviel Vertrauen und Wissen darum, dass diese Kinder, mit ihren erschreckten, panischen Gesichtern auf ihn angewiesen waren. Er hatte sie nicht alleingelassen. Wie ein guter Hirte war er mit ihnen den Weg in den Tod gegangen, den die Nazi-Täter sogar Kinder seines Volkes zwangen zu gehen.

Vorbei an der Plastik „Das stumme Weinen“ von Lea Michalson und dem erschütternden Kunstwerk „Die trockenen Knochen“ von Nandor Glid erreichte ich die Halle der Erinnerung. Stumm las ich die Namen der Vernichtungsstätten und blickte in die ewige Flamme.

Dann nahm ich allen Mut zusammen und betrat das Historische Museum. Von früheren Besuchen her wusste ich, dass mich grauenvolle, zutiefst erschütternde und verstörende Bilder und Texte auf mich warteten. Ich zögerte die Begegnung hinaus und betrachtete zunächst eingehend die „Mauer der Erinnerung“ von Naphtalie Bezem im Eingangsbereich.

Das Flachrelief aus Gusseisenaluminium wurde für mich zum Symbol für das Wesen des Judentums. Die Vernichtung so vieler ließ nur Stummheit als erste Reaktion zu, dann ein erster Schritt in die Zukunft über die Auflehnung gegen die Feinde zur Hoffnung auf die Heimkehr in das Land Israel. Das letzte Bild stellte die Wiedergeburt dar, der Löwe von Juda, die Kaktusblätter als Hinweis auf die im Land Geborenen und zwei brennende Sabbatleuchter für die Auserwählung und das bleibende Verhältnis zu JAHWE GOTT. Und der Löwe vergoss Tränen …

Ich betrat die Räume des Historischen Museums, sah die Bilder der nackten, zusammengedrängten Frauen unmittelbar vor ihrer Ermordung, ich las die Briefe der Betroffenen, Zeugnisse des unvorstellbaren Leidens, der eindringlichsten Mahnungen, der absoluten Bitte um Rache und der unsterblichen Hoffnung in aller Hoffnungslosigkeit.

Anhand von Bildern und Texten folgte ich *einem* Tag im Warschauer Ghetto, sah die ausgemergelten Gestalten und die vielen zu Skeletten abgemagerten Toten und die deutschen Täter die überlegen, aufrecht, das Gewehr im Anschlag ihre Übermacht und Stärke zeigten.

Ich schämte mich, in dieses Volk der Mörder und Bösen hineingeboren zu sein. Die schwarzen, auf Hochglanz polierten Schaftstiefel, die steife, starre Haltung, die Uniform mit der schrecklichen Mütze und die Gesichter, so kalt und unbarmherzig wie der Tod …

Wie konnte es geschehen, das sie so grausam und brutal wurden, ohne Mitgefühl und Barmherzigkeit, ohne jede Spur von Liebe?

Zu welchen Untaten waren Menschen fähig, weil sie auf böse Geister und Gedanken gehört hatten?

Mir wurde schlecht, fluchtartig suchte ich den Ausgang, vorbei an den kalten, zu Masken erstarrten Gesichtern der Aufseherinnen eines Konzentrationslagers, vorbei an den Bildern, die offene Massengräber mit unzähligen toten Leibern zeigten.

Langsam ging ich hinunter zum „Tal der Gemeinden". Arbeiter waren tätig und mein Weg führte durch die Schluchten der aufgeschichteten Felsblöcke.

Die Namen der ausgelöschten jüdischen Gemeinden in Europa schrien von den Wänden.

Ich setzte mich, ein Skorpion huschte vorbei, ich wollte nur da sein, mich erinnern, gedenken.

Ich entdeckte die Namen Hechingen, Rexingen und Buttenhausen, den Ort im Lautertal auf der Schwäbischen Alb, an dem Christen und Juden über Jahre und Jahrzehnte friedlich und tolerant zusammengelebt hatten und der „Schabbes-Goi" seinem jüdischen Mitbürger am Sabbat eine Arbeit erledigt hatte, die dieser an diesem Tag nicht tun durfte. Der „gute Geist von Buttenhausen" wurde hinweggefegt vom Ungeist des Antisemitismus, der auch den letzten Winkel unseres Landes erreicht hatte.

Gegen 14 Uhr verließ ich den Ort, der an so viele Gemeinden und Einzelschicksale erinnerte, stärkte mich im Self-Service-Restaurant und fuhr Richtung Innenstadt zu einem Kontrastprogramm.

Ich parkte und bummelte durch die Ben Yehuda Street. Erinnerungen an frühere Reisen wurden wach, als ich die unverwechselbare Kreuzung Ben Yehuda Street, Yjaffa Road und Strauss Street erreichte. Hier gab es eine besonders gute Eiscreme und sie schmeckte noch genauso köstlich wie vor Jahren.

Vor gut zehn Jahren war ich in Begleitung einer jungen Frau aus New York auf dem Weg zu einem Hotel im ultraorthodoxen Stadtteil Mea Shearim hier unterwegs gewesen. Die Wahl des Hotels war ihre Idee gewesen, weil man dort in Gruppenzimmern günstig übernachten konnte. Wir schleppten unsere schweren Rucksäcke die Strauss Street hoch und hofften, bald am Ziel zu sein.

Wie hatten wir uns kennengelernt?

Es war unten am Toten Meer bei Massada gewesen. Ich war keine 30 Jahre alt und sehr religiös pietistisch konservativ geprägt. Deshalb trug ich bei gut 40 Grad Hitze eine lange Jeans. Sie sprach mich darauf an: „Hast du keine kurze Hose? Wie läufst du hier herum?“ Ich musste ihr recht geben, ging auf das Zimmer der Jugendherberge und zog meine Shorts an. Als ich am Wasserhahn für kaltes Wasser aufdrehte, kam heißes Wasser heraus. Die Leitung hatte sich so aufgeheizt, dass es einfach kein kaltes Wasser gab.

Am Tag darauf trafen wir uns in Ein-Gedi, kamen ins Gespräch und beschlossen, zusammen mit einem Serut Taxi nach Jerusalem zu fahren. In solch ein Taxi, das ein verlängerte Mercedes war, passten sechs bis sieben Fahrgäste. Wir zogen also voll bepackt von der Jugendherberge los, Richtung der Hauptstraße die über Jericho hinauf nach Jerusalem führte. Es gehört zu meinen schönsten Erinnerungen, wie wir dahinwanderten, zur rechten Hand das Tote Meer, zur linken die

Berge der Ausläufer der Jüdischen Wüste und dabei Beatles-Songs sangen und über dies und das redeten. Wir waren jung und unbeschwert, es war einfach schön und schließlich fanden wir ein Sherut-Taxi, das uns mitnahm und die Fahrt ging hinauf, gut 1000 Meter nach oben.

Soweit die Vorgeschichte doch nun waren wir leicht gekleidet, sehr leicht gekleidet in Jerusalem angekommen.

Beim Gehen fielen mir die aufgeklebten Blätter an den Häuserwänden auf, die darum baten, nicht „unangemessen bekleidet" dieses Stadtviertel zu betreten. Ich trug ein T-Shirt und eine kurze Hose und meine Begleiterin eine ärmellose Bluse, die sie am Bauch zusammengeknotet hatte und eine superknappe kurze Jeans. Sie zeigte viel Haut, sehr viel Haut.

Ich hatte ein ungutes Gefühl und plötzlich war es soweit: Ein Hüne von einem Mann ragte vor uns empor, streng gläubig, ganz in Schwarz mit weißem Hemd trotz der brütenden Hitze, mit Hut und langem Bart. Er stellte sich vor meine Begleiterin und begann, sie laut zu beschimpfen, ja zu verfluchen. Es fehlte nur wenig und er hätte ihr körperliche Gewalt angetan. Dies unterließ er, aber er machte sie mit Worten und Gesten total fertig.

Endlich ging er weiter, vor sich hin schimpfend, wir sahen uns an und schlichen kleinlaut zu dem Hotel, das zum Glück in der Nähe lag. Nachdem wir uns frischgemacht hatten erschien die schöne New Yorkerin in Bluse mit langen Ärmeln und einer langen Hose „angemessen bekleidet" im Aufenthaltsraum des Hotels.

Das ziemlich schockierende Erlebnis beschäftigte mich noch.

Wie hätte Jesus reagiert? Hätte er überhaupt auf ihre freizügige Kleidung reagiert? Bei allem Verständnis für religiöse Empfindungen und sittlich-moralische Normen konnte ich diese Art der Kritik, die sich als geradezu vernichtender Angriff äußerte, nicht gutheißen. Allerdings war mir völlig klar, dass es unser Fehler gewesen war, diesen streng religiösen Stadtteil so weltlich bekleidet zu betreten.

Abends trennten sich unsere Wege und ich schlenderte gemächlich die Ben Yehuda Street hinauf und setzte mich unter einen Sonnenschirm eines Straßencafés. Immer stärker lebte um mich die Welt des Efraim Nissan auf, der „Fima" genannt wurde und dessen Wesen Amos Oz in seinem Roman „Der dritte Zustand" so anschaulich schildert.

Ich glaubte fast, ihn zu sehen, den Tagträumer, der durch die Straßen Jerusalems geht. War er nicht mehrere Male an mir vorübergegangen und hatte er mich nicht einmal leicht an der Schulter gestreift?

Die gelben Sonnenschirme des Cafés verwandelten das Jerusalemer Licht und ließen einen unwirklichen, weichen Farbton entstehen.

Bei einer Tasse Schwarztee hörte ich ungewollt die Unterhaltung am Nachbartisch mit. Zwei Männer und zwei Frauen in fortgeschrittenem Alter tauschten lebhaft Erinnerungen aus, schauten Fotos aus längst vergangenen Tagen an und kommentierten diese. Ein Mann erregte ihre besondere Aufmerksamkeit, ja, das war er, kaum 30 Jahre alt, fesch in der kurzen Hose, groß gewachsen mit hoher Denkerstirn und zurückgekämmtem schwarzem Haar. Und daneben, das war doch sie, die damals auch zur Gruppe gehört hatte, also nein, wie sie damals aussah in ihrem schönen, figurbetonten Kleid, und heute? Gestorben, längst gestorben, aber sie hatten ihr Leben gelebt, so gelebt, dass man sich gerne an sie erinnerte.

In der Fußgängerzone riss der Strom der Passanten nicht ab.

Ständig ergaben sich neue Formierungen, neue Menschen tauchten auf, gleich und doch so unterschiedlich in ihrem Aussehen und ihrer Art zu gehen.

Hier die elegante Frau aus der Stadt, chic gekleidet mit hochwertiger Markenhandtasche. Dort der leicht abwesend und verwirrt wirkende Reisende mit einem Stadtplan in den Händen, an der Ecke ein Paar arbeitsloser Einwanderer aus Russland, sie hatten Campingstühle und ein Tischchen aufgeschlagen, er spielte auf einer Geige schmelzende Klassiker und sie verkaufte Lottoscheine an Leute, die ihr Glück versuchen wollten.

Einige Meter entfernt schlug ein Mann ständig mit einer Geldbüchse an seinen Oberschenkel. Auf einem Pappschild erklärte er seine Not. Das unangenehme Geräusch, das seine Geldbüchse machte, wirkte eher ungünstig und abstoßend, viele schüttelten den Kopf und gingen einfach weiter.

Nach einiger Zeit suchte ich das Geschäft eines Juweliers auf, um eine Kette mit dem Namen unserer jüngsten Tochter zu erwerben. Ihre beiden älteren Schwestern hatten vor Jahren eine Kette mit ihren Namen natürlich in hebräischer Schrift erhalten.

Ich betrat das Geschäft eines jemenitischen Silber- und Goldschmieds und ließ ihn meinem Wunsch wissen. Gegen Vorkasse konnte ich das Kettchen um 20 Uhr abholen.

Ich verbrachte die Zeit damit, nach Postern mit ausdrucksvollen Landschaften zu suche und vor allem wollte ich den Wunsch unserer dreijährigen jüngsten Tochter erfüllen. Zu Hause hatte sie oft zu mir gesagt: „Bringst du mir einen Bus mit?“ Vielleicht, weil ihre älteste Schwester jeden Tag mit dem Bus zur Schule fuhr. Ich hatte ihr versprochen, mein Bestes zu versuchen und betrat ein Spielwarengeschäft. Unter den unzähligen Spielsachen war leider kein Bus, der meinen Vorstellungen entsprach. Ich erhielt den einleuchtenden Tipp, im Egged-Büro in der Jaffa Road vorbeizuschauen, dort gebe es sicher Egged-Spielzeugbusse. Gesagt, getan, eine Dame empfing mich freundlich, stellte aber mit tiefem Bedauern fest, dass es keine kleinen Egged-Busse gebe und ihres Wissens auch nie gegeben hätte. Also führte mich mein Weg wieder zurück Richtung Ben Yehuda Street und tatsächlich entdeckte ich in einem Spielwarengeschäft kleine Busse, sogar Schulbusse und nach einigem Hin- und Her was die Farbauswahl betraf, kaufte ich einen himmelblauen. Ich setzte mich auf eine Bank und betrachtete ihn näher. Auf seiner Unterseite las ich „Made in China". Das ernüchterte mich doch recht ordentlich, aber ich tröstete mich damit, dass ich ihn immerhin in Jerusalem gekauft hatte.

Ich befand mich in einem merkwürdigen Gemütszustand. Meine Grundstimmung war ruhig aber die vielen Eindrücke in dieser Gegend verwirrten mich. Der Bettler war immer noch da und wir kamen ins Gespräch. Er sammelte Geld für einen Flug nach Kanada um endlich dieses aus seiner Sicht unsoziale Land verlassen zu können. Seiner Meinung nach hatten ihn die Ärzte und Behörden hier zugrunde gerichtet.

In einem Einkaufszentrum fuhr ich in den ersten Stock und sah im Fernsehen eine Sportart, die mir völlig unbekannt war. Sie wurde mit einem Ball gespielt, den ein chic gekleideter Sportler mit einer gewaltigen Schleuderbewegung in Richtung eines anderen Sportlers warf, der mit einem Schläger ausgerüstet war. Dieser reagierte unterschiedlich, teilweise überhaupt nicht, dann wieder mit irgendeiner Aktion, die von den Zuschauern begeistert bejubelt wurde. Da ich das Spiel nicht verstand konnte ich nur staunen über so viel Ernsthaftigkeit und Leidenschaftlichkeit bei den Zuschauern.

Gegen 18 Uhr wollte ich ein besonders schönes Bild des Sonnenuntergangs machen und stand gut 20 Minuten angelehnt an eine Abschrankung, die verhindern sollte, dass Fußgänger in die King Georg Street strömten.

Der Eindruck, mich in der Welt des Romanes von Amoz Oz zu befinden wurde immer stärker. Lebte ich auch im „dritten Zustand"? Ich wartete ja so geduldig wie „Fima" auf den Sonnenuntergang, war gleichzeitig aber doch auch recht ungeduldig. Einerseits hätte mein Leben hier in der Ben Yehuda Street für alle Zeit so weitergehen können, anderseits war ich froh und erleichtert, wenn ich daran dachte, dass ich morgen nicht mehr hier sein würde.

Ich schoss das Foto, das sich später als völlig missglückt herausstellte, weil die Sonne viel zu grell und die Häuser viel zu dunkel erschienen. Aber die Erinnerung an den ganzen Vorgang und die Situation, an das Warten darauf, dass die Sonne so weit war und an die Art, wie ich darauf wartete, erfüllte mich auch Wochen und Monate später noch mit Freude und Sehnsucht.

Tag 11: Wort des HERRN

Gegen 20 Uhr betrat ich das Juweliergeschäft, wurde zu einer Tasse Tee eingeladen und dem Freund des Besitzers, der eben aus New York angekommen war, vorgestellt. Nach ein paar Minuten Small Talk, bei dem ich erfuhr, dass die Juweliere in New York viel weniger Stunden arbeiteten wie die in Jerusalem und dass alle, die es sich leisten konnten, nach Amerika auswanderten, erhielt ich das Goldkettchen, an dem sich in feinen hebräischen Buchstaben der Name unserer jüngsten Tochter befand.

Wir verabschiedeten uns und ich fuhr mit dem Auto ins Hotel nach Maale HaChamisha.

Dort prüfte ich, wieviel Geld ich schon ausgegeben hatte. Das Ergebnis war ernüchternd, aber die schönen Sachen, die erworben hatte, trösteten und erfreuten mich.

Nach einer letzten erholsamen Nacht im Hotel auf den Jerusalemer Bergen packte ich den Koffer, checkte an der Rezeption aus und begab mich auf die Fahrt von Jerusalem nach Beersheba.

Ich befand mich in einer seltsamen, gehobenen Stimmung, innerlich erfüllt, Gott nahe.

Was war das?

Während der Fahrt von Beth Shemes nach Qiryat Gat wurde ich von folgenden Gedanken erfüllt, die wie eine tiefe Erkenntnis, ja eine Offenbarung oder Erleuchtung über mich kamen.

Ließ mich JAHWE GOTT das Geheimnis, das über allem ist, ein wenig erahnen?

Oder waren es nur Hirngespinste in meinem aufgekratzten Herzen?

War es das „Jerusalem-Syndrom“, das einige in Israel und besonders in Jerusalem ergriff und sie in einen psychischen Ausnahmezustand versetzte und sie in ihren eigenen Augen zu biblischen Gestalten machte? Wohl eher nicht, ich war ja ganz bei mir und hielt mich nicht für eine andere, z.B. biblische Person.

Ich möchte offenlassen, was ich damals erlebte.

Heute, als 70-jähriger älterer Mensch, 30 Jahre später sehe ich es nüchterner und abgeklärter, kritischer und fragwürdiger als damals.

Ich weiß, dass hier auf Erden alles Stückwerk ist, gerade auch unser Erkennen und ich weiß, dass Koheleth im Grunde recht hat mit seinem „Alles ist eitel, eitel und Haschen nach Wind“, wörtlich aus dem Hebräischen „Dunst der Dünste …“

Aber ich habe es erlebt.

Trotzdem möchte ich auf keinen Fall den Eindruck erwecken, dass ich außergewöhnliche Gotteserkenntnisse hätte und wüsste, wer und wie JAHWE GOTT in all seiner Fülle, Herrlichkeit und Liebe ist.

Das muss ich auch gar nicht, das muss kein Mensch, es genügt, wenn wir JAHWE GOTT vollkommen vertrauen, mutig auf IHN hoffen und mit großer, geduldiger innerer Kraft leben, einfach leben, gütig zu uns selber, unseren Mitmenschen und vor allem auch zu JAHWE GOTT, den wir Christen als GOTT, den Vater, den Sohn und den Heiligen Geist anbeten und bekennen.

Ich weiß, dass ich ein kleiner, sterblicher Mensch bin und dass ein unermesslicher Unterschied zwischen mir irdischem Menschlein und dem großen allmächtigen Gott besteht.

Fest steht aber, und das galt damals und gilt auch noch heute für mich: Ich hatte ein religiöses Erlebnis.

Ich hörte JAHWE GOTT, nicht als fremde Stimme, sondern in meinem Denken. Es war ein geistiger Vorgang, geschah in meinem geistigen Zentrum, in meinem Herzen, als überraschende, überwältigende Erkenntnis und tiefe, geheimnisvolle Einsicht.

Diese Botschaft und Erkenntnis lautete:

„Träume des Himmels,

ihr seid Träume des Himmels, du kleiner Mensch und alle, alles, was lebt, alles, was es gibt.

Von der fleißigen kleinen Ameise bis zum unermesslich weit entfernten Spiralnebel, das ganze Universum mit seinen Welträumen und Weltzeiten bis zum allerkleinsten Teilchen, alle und alles seid ihr Träume des Himmels.

Es war mir als würde JAHWE GOTT zu mir sagen:

„ICH träume euch, euer Leben und eure Welt wirklich, ihr seid Teile, Bilder, Geschichten, Handlungen, Erlebnisse Meiner Träume.

ICH, JAHWE GOTT, träume göttlich, heilig und rein. Darum ist so viel Schönheit, Ordnung und Göttliches in euch und allem.

Ich träume wirklich, ICH schlafe und bin nicht wach. Darum geschieht so viel Grausames, Hässliches, Unordentliches, Böses, Falsches und Fehlerhaftes in euch und allem.

Und: Meine Träume sind für euch Menschen absolute Wirklichkeit, ihr meint 100 Prozent, dies alles wirklich zu erleben, das Schöne und Gute das Wohlsein und Glücklichkeit und das Hässliche und Böse, das Leiden und Verzweifeln.

Euch geht es wie Mitspieler in euren eigenen Träumen:

Sie glauben zu 100 Prozent, dass alles wahr ist und sie das wirklich erleben … bis ihr aus euren Träumen erwacht und erkennt: Das habe ich ja nur geträumt, zu Glück oder leider, je nachdem was für ein Traum es war.

Das Ende der Welt ist dann erreicht, wenn ICH, JAHWE GOTT, aufwache.

Dann werden die, von Mir Auserwählten unter den Völkern und die von Mir Herausgerufenen aus dieser Welt mit MIR in Ewigkeit leben. Dann wird es kein Leid und keinen Schmerz mehr geben, kein Unglück und kein Böses.

Wir werden in vollkommenem Frieden miteinander leben.

Bevor dies geschieht, wird Mein REICH kommen.

Mein SOHN JESUS hat es auf die Erde gebracht.

ER IST DER MESSIAS und hat mein Reich durch seine Worte und Taten verkündigt und durch Sein Leiden und Sterben, sein vergossenes Blut auf Golgatha und seinen Tod und seine Auferstehung ist Mein REICH in diesen erlösungsbedürftigen Kosmos hereingebrochen.

Am Ende der Tage dieses vergänglichen Äons wird ER, JESUS CHRISTUS, Mein Reich in absoluter Vollmacht und göttlicher Herrlichkeit aufrichten.

Alles, was ihr Menschen Wirklichkeit, Raum und Zeit, Geschichte, Vergangenheit, Gegenwart und Zukunft, Gestern, Heute und Morgen nennt, ist Teil Meines Traumes.

Denkt daran, wie es euch geht, wenn ihr träumt. Ihr schlaft ein und Gedanken kommen auf, Geschichten entstehen, schöne und bedrohliche, bis hin zu schrecklichen Albträumen.

Zum Teil verarbeitet ihr Erlebtes, ihr beeinflusst eure Träume mehr oder weniger. Vieles geschieht unbewusst, ihr könnt es nicht ergründen, erklären oder verstehen. Und manches hat doch einen verborgenen Sinn und eine wichtige Botschaft und Bedeutung für euch und eure Träume können auch heilend und reinigend wirken.

Was denkst du, was geschieht, wenn ICH JAHWE GOTT träume?

Alles und alle entstehen, Weltzeiten, die Weiten des Weltalls, die Elemente des Lebens, die Schöpfung, Feuer, Wasser, Wind, Urgestein, Erde, Pflanzen, Tiere und ihr Menschen.

ICH, JAHWE GOTT, träume, was ICH will: das Leben, die Vielfalt, mein Ebenbild und Gleichnis.

ICH will euch Menschen, jede und jeder hat sein Leben von Mir.

In Meinem Traum denke Ich auch, was geschieht, wenn das Böse in euren Herzen bestimmt.

ICH selber bin gut, nur ICH, JAHWE GOTT bin gut.

ICH bin heilig, rein und vollkommen, Licht ohne Finsternis, anders als ihr, immer lebendig.

ICH träume, dass ihr angefochten werdet von der Macht des Bösen. Diese Macht gibt es nicht in meiner Wirklichkeit, Lüge und Mord sind Mir unbekannt.

Aber ich träume davon, was geschieht, wenn ihr von dieser Macht, der Macht der Sünde, der Hamartia, der Zielverfehlung beherrscht werdet.

ICH träume, wie ihr alle besiegt werdet von dieser Leben zerstörenden Macht, in eurem Denken, in euren Worten und in euren Taten.

Und ICH bringe euch Hilfe durch die HEILIGE SCHRIFT.

ICH lasse einige auserwählte Propheten Mich erahnen und schließe durch sie einen Bund mit euch.

Noah, Abraham, Isaak und Jakob und später Mose und die weiteren Propheten und Weisen geben ihre Erfahrungen mit Mir weiter, ein Volk entsteht, das um mich weiß.

ICH habe es entstehen lassen, es ist Mein Wille in Meinem Traum.

Israel geht seinen Weg mit Mir, weil Ich es ins Leben gerufen habe, weil Ich es auserwählt habe.

ICH träume den Weg des Glaubens, den Kampf des Glaubens, des Gehorsams, der Niederlagen, der wenigen Treuen, des Restes, der heilig ist.

In Meinem Traum komme ich selbst euch Menschen zu Hilfe.

Ich werde ein Mensch, durch Maria, Jesus von Nazareth.

ICH wirke durch Meinen Sohn, zeichenhaft, durch Wort und Tat und ICH erlöse euch alle von eurem Ausgeliefertsein an die Macht des Bösen und des Todes.

Im Glauben an Meinen Sohn seid ihr frei.

Ihr empfangt einen ersten Anteil von der Kraft Meines GEISTES und könnt als Überwinder leben.

Merkt euch gut und erkennt: JESUS ist in Ewigkeit bei Mir und in Mir.

Bevor ICH beginne zu träumen, lebt er in Mir und nach dem Ende Meines Traumes wird Er in mir mit seiner Gemeinde leben.

Bevor ICH aufwache, wird ER zum zweiten Mal zu euch kommen, in Meiner Herrlichkeit, Macht und Kraft.

Das Böse wird keine Chance gegen IHN haben.

Es wird sich zurückziehen bis zur allerletzten, endgültigen Auseinandersetzung.

Dann werde ICH, JAHWE GOTT aufwachen von meinem Schlaf und sofort wird alles anders sein: ICH werde in Meiner göttlichen Herrlichkeit leben, mein Sohn und Mein Geist in Mir. Und mit uns werden die Auserwählten, die Berufenen leben, die Gläubigen und Gehorsamen, die Hörer und Täter Meines Wortes, die Nachfolgerinnen und Nachfolger, die geduldig den Kampf des Glaubens gekämpft haben, im Lesen der Heiligen Schrift, Meditieren und Beten, in Bitten und Flehen, im Vergeben, Verstehen und Helfen, in dienender Hingabe an die Welt.

Sie werden in UNS leben, in Ewigkeit geborgen und glücklich.

Es wird aber auch für alle anderen Menschen eine Lösung geben, Meine vollkommene Lösung, für jedes meiner Geschöpfe. Jedes Meiner Geschöpfe wird sein Ziel erreichen.

Unmittelbar mit Meinem Aufwachen ist das Böse verschwunden. Es gibt keine böse Macht mehr, keine Finsternis, keinen Satan, keinen Widerstand gegen Mich.

Es gibt keine Angst mehr, keinen Hunger und Durst, keine Kälte, keinen Schmerz, keinen Schrei und keine Träne, kein Leiden und kein Leid und keine Verletzung, es gibt keinen Unfall mehr und keine Krankheit, es gibt kein Sterben und keinen Tod mehr.

Das alles gab es nur in MEINEM Traum, der für euch absolute Wirklichkeit war und ist, in dem ihr hier auf Erden lebt.

Mein Traum wird vorbeisein, ICH JAHWE GOTT werde aufwachen und mit meinen Engeln und Geschöpfen leben, in Ewigkeit leben.

Bis es soweit ist gilt: ICH freue mich, wenn ihr auf Mich hört, auf die Heilige Schrift, die Verkündigung, das Evangelium.

Ich höre euch, wenn ihr Mich um Kraft anfleht, um Lebenskraft für euren Weg als Arme, die durch meine Gerichte hindurch gehen, voll Vertrauen, mutig mit großer innerer Einstellung und Haltung, langmütig und geduldig und vor allem gütig euch selbst, euren Mitmenschen und auch mir gegenüber. Denn das ist LIEBE.

Andererseits ist es so, dass ich traurig bin und Angst habe, wenn ihr Mich verachtet und verleugnet und eure eigenen Wege geht. Eure Bosheit ist Mein Alptraum, eure Ichsucht und Rücksichtslosigkeit machen mir Angst, eure Begierde zerstört meine schönsten Ideen und Wohltaten.

Erkennt beide Wahrheiten:

Zum einen träume Ich euch und bin der Grund für euer Dasein und Sosein, wie ihr seid und zum anderen habt ihr die Möglichkeit, den Inhalt und Ablauf Meines Traumes mitzugestalten und zu verändern.

Darum ist es falsch, wenn ihr sagt, dass alles Meine Schuld ist.

Ich frage euch: Ist ein Träumender schuld an dem, was er träumt?

Habt ihr nicht auch schon im Traum Gedanken gehabt, die ihr im Wachsein sofort verscheuchen würdet und Worte gesagt, die ihr, wenn ihr wach seid niemals sagen würdet? Und habt ihr im Traum nicht auch schon Taten getan, die ihr bei vollem Bewusstsein niemals tun würdet?

So ist es auch bei Mir. In Meinen Träumen denke ich das Gute und das Böse. Ich bin nicht Herr meiner selbst, wenn ich träume.

Wenn ICH wach bin, denke ich überhaupt nichts Böses, dann bin ICH nur LIEBE.

In meinen Träumen sage ich Gutes und Böses. Ich kann nichts dafür, es geschieht, wenn ich träume.

Wenn ICH wach bin, sage ich überhaupt nichts Böses.

In Meinen Träumen tue ich Gutes und Böses, ICH erlebe Geschichten, Handlungen, Abläufe, die ich nicht, zumindest nicht völlig kontrolliere und beherrsche.

Wenn ICH wach bin, tue ICH überhaupt nichts Böses. ICH bin der EINE, der gut ist.

Ihr Menschen werdet auf Erden nie alles erkennen, Gut und Böse, die Gesamterkenntnis bleibt euch hier auf Erden verborgen.

Aber ich gebe euch Ahnungen und Hinweise, durch mein Wort in Rede, Anrede und Gebot, und abschließend durch meinen Sohn Jesus Christus.

Genügt dir das als irdische Antwort auf all deine Fragen?

Verstehst du jetzt ein wenig, warum die Welt so ist, wie sie ist?

Kannst du nun die Geschichte der Menschheit erkennen oder wenigstens erahnen, von ihren Uranfängen bis in deine Zeit und darüber hinaus?

Das sind himmlische, göttliche, heilige Vorgänge die viel höher sind als eure menschlichen Möglichkeiten der Erkenntnis und des Verständnisses.

Indirekt bin auch ICH verantwortlich für alles, weil ICH alles träume. Direkt verantwortlich sind die Täterinnen und Täter, die Mörderinnen und Mörder, die Lügnerinnen und Lügner.

Warum?

Weil sie ihre Möglichkeit, Nein zu sagen zum Bösen, nicht genutzt haben. Und weil sie ihre Möglichkeit, Ja zu sagen zum Guten nicht genutzt haben.

Du fragst nach den Opfern?

Auch sie sind Teil Meiner Träume.

Ich lebe in ihnen, meine ganze Liebe gehört ihnen, in Zeit und Ewigkeit.

Jede und jeder von ihnen ist ein unverwechselbares Original, geschaffen in Meinem Bild, unvergleichbar, nicht zu verallgemeinern.

Verstehst du ganz persönlich jetzt, oder ahnst du wenigstens, warum du so bist wie du bist?

Kannst du nun die Geschichte deines Lebens ein wenig erkennen? Von ihren Uranfängen bis in die Gegenwart und darüber hinaus? Weißt du jetzt, warum du die Möglichkeit zum Guten und Bösen in dir trägst?

Du kennst die Gefährdung, die dir droht, das Weggehen von Mir, hinter anderen Göttern her, die doch Nichtse sind.

Du kennst die Gefahr des Überschreitens aller Grenzen, hinein in den Machtbereich der Begierde, die ohne Rücksicht nimmt und raubt, was sie will.

Das alles droht dir, du kannst zum Mörder werden und zum Ehebrecher, zum Götzendiener und Gewalttäter, zum Hasser und zum Lieblosen, zum Gottlosen.

Und, besonders schlimm: Du kannst zum Gleichgültigen werden, dir und anderen und allem gegenüber, dann bist du Mir wirklich zum schrecklichen Albtraum geworden.

Du kannst dich aber auch für MICH entscheiden.

Meine Hand bleibt immer ausgestreckt und Mein Herz ist immer offen.

In JESUS lebst du in einem ewigen Verhältnis mit Mir.

Du kennst die Bewahrung, die in dir und um sich ist.

Ich gebe dir deine Seele zur Beute wohin du auch gehst.

Du kennst das Bleiben bei Mir, vor Meinem Angesicht, das Aushalten Meiner Bildlosigkeit, weil jedes irdische Bild zu klein für meine Lebendigkeit ist.

Bleib in Meinem Machtbereich, in Meiner Königsherrschaft der Liebe, lebe die neue Tora, die mein Sohn ist und die er lehrt, aus, voll Rücksicht, voll Verständnis und voll Hilfsbereitschaft.

Alles steht für dich offen, du kannst zum Lebensretter werden und zum Eheberater, zum Anbeter Meines Namens, zum Sanftmütigen und Versöhnten, du kannst zum Lebendigen werden, de sich für das Leben einsetzt.

Dann bist du Mir zum Glückstraum geworden.

Als ich in Beersheba ankam befand ich mich in einem wunderbaren Glückszustand und spürte eine große innere Freiheit.

Eine große Weitung meines geistigen Horizontes, meines Bewusstseins lag über mir.

In diesem Augenblick hatte ich keine Angst, nicht einmal vor dem Sterben und dem Tod. Zuviel sprach dafür, dass es schön werden würde.

Das karge Weideland kündigte den Süden und die Wüste an, ich suchte ein Restaurant und legte eine Pause ein. Anschließend fuhr ich durch die über 100.000 Einwohner zählende „Hauptstadt des Negev" zum meinem Hotel.

Der Empfangsbereich war romantisch eingerichtet und verbreitete eine freundliche Atmosphäre. Die Menschen waren freundlich und das Zimmer erfrischend kühl.

Ich ruhte mich aus und dachte oft an die zurückliegenden geistigen Eindrücke und das so außergewöhnliche Erlebte.

Ich musste an Albert Schweizer denken. Vielleicht war es ihm ähnlich ergangen, als er in Afrika, während einer Flussfahrt, von der grundlegenden Erkenntnis der „Ehrfurcht vor dem Leben" erfüllt und überwältigt worden war.

Ich erkundete das Hotel, das aus zwei lang hingestreckten Gebäuden bestand, die in einem offenen Winkel zueinander erstellt worden waren. Auf der dritten Seite schloss sich eine Sport- und Freizeitanlage mit Schwimmbad an und im Innern des Geländes bot sich eine weiter Möglichkeit zum Baden und Sich- Abkühlen in einem Swimmingpool an.

Das trocken-heiße Klima war angenehm, ich verbrachte den Nachmittag im Wasser und in der Sauna, natürlich, wie in Israel üblich, auf „textile" Art.

Tag 12: Fahrt in den Negev

Als die Nacht hereinbrach begannen im Außenbereich die Vorbereitungen zu einer großen Festlichkeit. Meine Vermutung täuschte mich nicht, es handelte sich um eine Bar-Mizwa-Feier, um die Freudenfeier darüber, dass ein ca. 14 Jahre alter Junge zum „Sohn des Gebotes", zum vollberechtigten Kultteilnehmer geworden war, zum erwachsenen israelitischen Mann geworden war.

Wort, Anrede und Gebot JAHWE GOTTES durch Mose galten nun auch ihm.

Alles war bunt dekoriert, selbst auf dem Swimmingpool schwammen leuchtende Blumenarrangements und auf langen Tischen wurden Kunstwerke aus erlesenen Speisen gestaltet. Tische für einige Hundert Gäste standen bereit, feinsäuberlich eingedeckt, nur dem Wind gelang es hin und wieder ein wenig Unordnung unter den aufgestellten Stoffservietten anzurichten.

Eine Gruppe von Musikern, Sängerinnen und Sängern erschien, probte lange die Einstellung der umfangreichen Anlage, ihr Manager drückte mir seine Visitenkarte in die Hand, ich warf sie in den nächsten Abfallbehälter.

Endlich erschien die Hauptperson. Es war dunkel geworden, Scheinwerfer strahlten ihn an, einen kräftigen, recht kleingewachsenen Jugendlichen in feinem Anzug, mit Krawatte und dunklem, nach hinten gekämmtem Haar.

Aus gebührendem Abstand verfolgte ich die nicht enden wollende Begrüßungszeremonie, hatte bald die Mutter und den Vater des Jungen ausgemacht, sie in gewagtem, langem Abendkleid mit nicht enden wollendem Schlitz, er im perfekt sitzenden Smoking, ganz Herr der Lage, stilvoll und souverän, ein Gesamtkunstwerk.

Die Feier nahm Fahrt auf, es wurde gegessen und getrunken, die Band spielte internationale Stücke, vor allem südamerikanische Rhythmen.

Ich kam kostenlos in den Genuss eines sehr unterhaltsamen Konzertes, unter dem Sternenhimmel Israels, eingehüllt in eine warme weiche Nacht, umleuchtet von unzähligen bunten Glühbirnen.

Und dann der Abschluss zu vorgerückter Stunde: Vier brasilianische Tänzerinnen, direkt vom Karneval in Rio eingeflogen, zarte junge Frauen mit brauner Haut legten zu heißen Rhythmen mit unglaublicher Gelenkigkeit und Geschmeidigkeit los.

Einige Männer waren sich sicher, dass „ihre Hüften nicht logen", sie waren nicht mehr zu halten und versuchten, vom Alkohol beflügelt, mit den Grazien zu tanzen.

Das Ergebnis war ernüchtern, auch der Sohn des Gebotes wurde ermuntert kräftig mitzumachen, was er sich nicht zweimal sagen ließ.

Was immer er an diesem Abend gelernt hatte, die Erfahrung, dass Frauen wunderschön und verlockend sind, gehörte mit Sicherheit dazu.

Mose und Sinnlichkeit gingen also doch sehr gut zusammen.

Am nächsten Morgen war Donnerstag, der 10. Juni 1993 und mein Tagesziel lag im Süden und hieß Machtesch Ramon, der Ramon Krater. Wie auch immer er entstanden war, ob im Laufe der Jahrmillionen sein Kopf durch Meteoriten gleichsam wie ein weichgekochtes Ei einige hundert Meter abgeschlagen worden war und dann später aus dem Erdinneren durch Vulkanismus weichere Teil als Lava aus der Vertiefung herausgebrochen waren und sich in ihn ergossen hatten, was auch immer Erosion, Wind und Wetter und die extreme Hitze dazu beigetragen hatten, der Machtesch Ramon war und ist eine Reise wert.

Gegen 10 Uhr brach ich auf, stoppte aber kurz danach um einen Beduinenmarkt zu besuchen. Er fand jeden Donnerstag statt und zog Einheimische und Touristen an. Es herrschte ein buntes Treiben, vorbei an Schaf- und Ziegenverkäufern näherte ich mich den Zelten und Ständen. Neben Haushaltswaren wurden Schmucksachen und Teppiche angeboten, nicht weit entfernt von kleinen Hühnern und Gänsen, die in Käfigen und Kartons eingepfercht keine Chance hatten, ihrem Schicksal zu entkommen.

Eigentlich wollte ich nichts kaufen, aber die Atmosphäre riss mich hin und ich war in ein Gespräch mit einem Beduinen verwickelt. 40 Shekel wollte er für zwei Ohrringe, aber ich wusste, was ich zu tun hatte und sagte „zwanzig“. Sein Gesicht verzog sich schmerzhaft und er ging auf fünfunddreißig herunter, ich nach dramatischen Zeichen der Missbilligung meinerseits, brachte fünfundzwanzig ins Spiel und wir einigten uns nach gestenreichen Verhandlungen auf „dreißig.“

Durch die weite Negev-Landschaft mit ihren hellbraunen Tönen, ihrem Sand und Stein und ihrer trockenen Hitze fuhr ich zum nächsten Zwischenstopp im Kibbuz Sde Boker, dem Feld der Farmer. Hier wollte ich das Wohnhaus von David und Paula Ben-Gurion besichtigen.

Der erste Staatspräsident Israels war 1953 in diesen Kibbuz gezogen um zusammen mit Gleichgesinnten die Wüste fruchtbar zu machen und sein Motto „Make the desert bloom“ durch die Tat zu verwirklichen.

Das sehr schlichte, einfache Häuschen der beiden wurde von vielen Reisenden besucht. Touristen waren unterwegs, Soldaten und Soldatinnen, Schülerinnen und Schüler saßen in Gruppen zusammen und erhielten von ihren Lehrerinnen und Lehrern engagiert und vom Bewusstsein der Bedeutung des Ortes und der Personen erfüllte Informationen. Israelis wollen lernen, lernen und noch einmal lernen. Das wurde hier besonders deutlich.

Im Haus konnte man anschaulich anhand von Fotographien und Briefen die Persönlichkeit und das Wirken des körperlich kleinen, geistig-seelischen aber sicher großen Menschen auf sich wirken lassen.

Ben-Gurion hatte einige Zitate aus der Bibel auf seinem Schreibtisch liegen, darunter solche aus den Propheten, die vom Fruchtbarwerden und Blühen der Wüste sprachen.

Unter den Briefen blieb ich an den mitfühlenden, warmherzigen Worten Marc Chagals zum Tode von Paula Ben-Gurion hängen. „My sad old friend …"

Der Rundgang führte durch Küche, Bad, Arbeitszimmer und Wohnzimmer, überall nur das Notwendige, kein Luxus. Die beiden hatten das Leben in der Wüste, im lebensfeindlichen Bereich, auf sich genommen.

Ergriffen nahm ich Abschied von Sde Boker und fuhr nach Mizpe Ramon, dem eigentlichen Ziel meines Tagesausfluges.

Dort angekommen bot sich von der Aussichtsterrasse ein atemberaubender, gewaltiger Blick in den Ramon-Krater.

Die riesige Erdeinsenkung mit Ausmaßen von 30 mal 8 Kilometern war bis zu 500 Meter tief. Durch Erd- und Gesteinseinbrüche hatte sich dieser große und zwei weitere kleinere Krater vor gut 70 Millionen Jahren gebildet. Später spien Vulkane ihre glühend heiße Lava in diesen großen Einbruch der Erdoberfläche hinein und hinterließen dunkle Basaltbrocken, die bis heute deutlich sichtbar auf seinem Grund liegen.

Nach einem langen ersten, ruhigen Rundumblick ging ich in das Self-Service- Restaurant und konnte während des Essens durch getönten Scheiben von dort aus das einzigartige Szenario betrachten.

Das Klima war zwar trocken heiß und zunächst nicht so anstrengend wie am See Genezareth, aber ich spürte doch erste Anzeichen von Erschöpfung. Mein Mietwagen hatte keine Aircondition und deshalb hatte mir während der fast 90 Kilometer langen Fahrt die Lüftung heißen Wind ins Gesicht geweht und die geöffneten Fenster hatten das Ganze nicht besser gemacht. Ich fühlte mich wie ausgedörrt.

Aber nach einem wohlschmeckenden Fischgericht, reichlich Fruchtsaft und dem Benutzen der sauberen Toiletten ging es mir wieder deutlich besser. Auch der Bummel durch den verlockend ausgestatteten Souvenier-Shop trug dazu bei und so manches Mitbringsel, darunter einige Poster mit Aufnahmen des markanten Ramon-Kraters aus dem Weltall hoben meine Stimmung deutlich.

Ein modernes Informationsgebäude informierte auf einem ansteigenden Rundgang über die verschiedenen prähistorischen Zeiträume der Erdgeschichte und das Auftreten der ersten Menschen durch Bilder, Texte und Ausgrabungsfunde. Zum Abschluss konnte ich noch einen Film mit Erläuterungen in Deutsch ansehen.

Ich hörte von den über 4,5 Milliarden Jahren, dem Zeitpunkt an dem das Universum und letztlich auch unsere Erde entstanden waren.

Die Erde war zunächst ein glühender Planet, der sich langsam abkühlte und zu dem schönen Stern entwickelte, auf dem wir zu Gast sein dürfen.

Da kein Mensch sich vorstellen kann, wie lange 4,5 Milliarden Jahre sind, entwickelten Wissenschaftler folgendes Zeitschema zur Verdeutlichung: Sie übertrugen die 4,5 Milliarden Jahre in den Ablauf eines einzigen Jahres mit seinen 12 Monaten. Die ersten 11 Monate war keine Spur des Menschen zu finden, auch keine Spur von dem, was wir Geschichte nennen.

Nur die Natur war da, die Schöpfung. Erst im Laufe des 12 Monats begann langsam all das zu entstehen, was wir Leben nennen. In frühen, einfachen Formen, die sich weiterentwickelten über die Pflanzen und Tiere schließlich zum Lungenfisch, der an Land kroch und auf vier Füßen ging bis zum Homo sapiens, der vor etwa 300.000 Jahren in Afrika entstanden war.

Es wurde dann erklärt, wie es zum Einbruch der Erdschichten hier im Negev gekommen war. Schichten von hartem Gestein und solche von weicherem überlagerten sich. Im Laufe von langen, langen Zeiträumen dran Regenwasser durch Risse in die weicheren Schichten ein, schwemmte sie aus und ließ schließlich die schwereren in die entstandenen Hohlräume fallen. Hinzu kamen Einwirkungen durch Hitze, die weicheres Gestein schmolz und noch einige andere erdgeschichtliche Vorgänge.

All diese Informationen hinterließen einen starken Eindruck bei mir und ich war überwältigt von der Nichtigkeit des menschlichen Lebens und der Winzigkeit meines eigenen Seins.

Hinzu kam auch tiefe Demut angesichts solcher unfassbaren Zeitmaße. 4,5 Milliarden Jahre, welch eine Menge an Zeit, und wie kurz war im Vergleich dazu die gesamte Geschichte des Menschen, wie verschwindend kurz.

Und doch hielten wir uns oft für das Maß aller Dinge und meinten, alle müsse sich um uns drehen. Wie wichtig nahmen wir unsere Angelegenheiten, unsere Eitelkeiten und Einbildungen, als hätte wir ein Recht auf gewisse Ansprüche, die unserem Ego dienten.

Die Bemühungen der Menschen, auch meine eigenen, im alltäglichen Leben, im.Beruf und im gesellschaftlichen Bereich erschienen mir so unbedeutend. Vor allem unsere Aufregungen, unser nervöses, oft verärgertes und gestresstes Verhalten kamen mir hier an diesem so besonderen erdgeschichtlichen Ort einfach nur lächerlich vor.

Eine tiefe Ruhe kehrte in mich ein, eine befreiende Gelassenheit in meinem Herzen. 4,5 Milliarden Jahre, so lange gibt es nach dem heutigen Stand der Wissenschaft das Universum, das Weltall und Sonnensystem, und damit auch unsere Erde.

Und wir kleine Menschen dürfen und sollen partizipieren an Gottes wunderbarer Schöpfung, an dieser Welt, die unter der Sünde und Verfehlung steht, teilhaben und kreativ tätig sein, im Denken, Reden und Tun, dazu sind wir geschaffen und berufen.

Angesichts solcher gewaltigen Zeiten erhielten die Bezeichnungen „lang“ und „kurz“ eine neue Bedeutung für mich.

War es wirklich lange her, dass Jesus hier auf dieser Erde lebte?

Waren 2000 Jahre nicht recht kurz und gehörten wir Heutigen und seine Zeitgenossen nicht recht nahe zusammen?

Lebte der Steinzeitmensch nicht recht lebendig in uns, besonders in den Tiefenschichten unseres Wesens?

Ich dachte an Abraham, mit dem die Heilsgeschichte damals vor weit über 3200 Jahren begonnen hatte und der als historische Person nicht zu bestimmen ist. Vielleicht war er auch durch den Ramon-Krater gezogen und hatte er ihn nicht fast genau gleich wie wir gesehen?

Die Zeitabstände verloren an Bedeutung, ihre trennend Wirkung trat zurück, ich fühlte mich den Früheren recht nahe.

Solche Überlegungen in Kopf und Herz fuhr ich hinunter mitten hinein in den Kessel der großen Einsenkung. Die Hitze war noch stärker als oben, ich sammelte einige Steine auf und trat die Rückfahrt an.

Von einer Bushaltestelle in Mizpe Ramon bis Beersheba saß ein Mitfahrer neben mir, der es vorzog, die ganze Fahrt über zu schweigen aber geduldig wartete, bis ich kurz vor Sde Boker von einem kurzen Gedenkbesuch an den Gräbern von David und Paula Ben-Gurion wieder zurückgekommen war. Ihre pietätvoll angelegten Steingräber waren mit Gedenksteinchen von Besuchern übersät. Sie lagen in einer gepflegten Parkanlage, unmittelbar vor dem Steilabfall zum Wadi Zin. Auch in die Wüste konnte man sich verlieben und auch hier konnte man hängen bleiben. Das war sogar so manchem Wissenschaftler mit kühlem Kopf und ohne jede Form von religiöser Überhöhung widerfahren.

Der Blick auf die gewaltigen Felswände und den gewundenen Taleinschnitt ließ Erinnerungen an die Wüstenwanderung der Kinder Israel wachwerden. Erinnerungen an den beschwerlichen Zug aus der Sklaverei in Ägypten durch die lebensfeindliche Wüste ins gelobte Land. Nach einer stillen Zeit des Gedenkens legte auch ich einen kleinen Stein auf jedes Grab, warf einen letzten Blick in die Tiefe und Weite der auf ihre Art faszinierenden Landschaft und kehrte zum Auto zurück.

Die Weiterfahrt war ermüdend und die Suche des Hotels gestaltete sich langwierig. Ich konnte die Frage „Entschuldigung, wo ist hier der Weg zum Hotel Desert Inn“ nach mehreren Versuchen und lieb gemeinten aber wenig zielführenden Ratschlägen perfekt auf Hebräisch. Endlich, als ich es schon nicht mehr für möglich gehalten hatte, fand ich es und parkte das Auto unter einem großen mit gelben Blüten behangenen Baum.

Nach dem Duschen und Ausruhen schwamm ich im Swimmingpool und spielte mit einem Jungen ein wenig Basketball. Und dann verliebte ich mich, zusammengekauert auf einem Liegestuhl auf der Rasenfläche vor dem Becken in den Anblick des unbeschreiblichen Sonnenuntergangs, der ganz großes Kino bot mit seinen vollen, warmen Farbtönen vom hellen Gelb über Orange bis zum abschließenden Dunkelrot und Violett.

Es war kühl geworden. Nach der extremen Hitze am Mittag konnte ich es kaum glauben.

Tag 13: Von Beersheba nach Herzliya

Auch an diesem Abend fand eine Festlichkeit im Innenbereich des Hotels statt. Deutlich kleiner im Umfang als am vorherigen Abend, mit Disko-Musik, ein Junge feierte seine Geburtstagsparty.

Ich war müde und legte mich bald schlafen. Am nächsten Morgen beim Abschied vertraute ich der Mitarbeiterin an der Rezeption an, dass ich ein Buch schreiben wolle und sie fragte mich, ob ich „good inspirations" erhalten hätte, hier in Beersheba.

Ich bejahte, verabschiedete mich und suchte den Weg aus der Stadt Richtung Norden. Das Gebläse schleuderte unzählige kleine gelbe Blüten ins Wageninnere.

Sie waren bei Nacht von dem Baum gefallen, unter dem ich geparkt hatte.

Ich nahm mir vor, alles vor der Rückgabe auf dem Flughafen zu reinigen, denn Ordnung war mir sehr wichtig.

Die Fahrt verlief ohne nennenswerte Besonderheiten, je näher ich Tel Aviv-Jaffa kam, umso dichter und stockender wurde der Verkehr. Und umso hungriger wurde ich, während ich Tel Aviv östlich umfuhr. In Ramat haScharon parkte ich schließlich und suchte nach etwas Gutem.

Elegante Geschäfte zogen meinen Blick an und nach einigen Hundert Metern drang der Duft von gegrilltem Hühnchen in meine Nase.

Zielsicher fand ich seinen Ursprungsort und versuchte einer Verkäuferin auf Hebräisch meinen Wunsch nach einem haben „Vogel" klarzumachen. Sie sah irgendwelche Schwierigkeiten und ich fürchtete schon, dem köstlichen Genuss absagen zu müsse. Aber gerade noch rechtzeitig erschein der Besitzer auf der Bildfläche, die Kochschürze um den Leib, und schnitt mir nach kurzen Erklärungen ein halbes Hühnchen zurecht.

Er wundert sich nur, dass ich kein ganzes wollte, aber ich hatte sofort erkannt, dass eine halbe Portion völlig ausreichend war.

Zusammen mit knusprigem, warmem Brot und sechs Fruchtsäften hielt ich ein stärkendes, wohlschmeckendes Mahl, das mich an eine Mahlzeit in Jericho vor einem Jahr erinnerte, bei der ich im Rahmen einer Gruppenreise vermittelt durch Shoshi Euler-Strauss das wohlschmeckendste Geflügel meines Lebens genossen hatte, gegrillt über Holzkohle, überträufelt mit Zitrone, verfeinert mit vielen Kräutern und Gewürzen, ergänzt durch Salate und Beilagen, zubereitet von einem ihrer arabischen Bekannten.

Gegen 14:30 Uhr erreichte ich das Hotel in Herzliya, ruhte ein wenig aus und machte es mir zur Pflicht, noch vor dem ersehnten Gang zum Meer und vor Sabbatbeginn das Wageninnere von all den Hunderten kleinen gelben Blüten zu reinigen. Dazu erbat ich an der Rezeption einen Handfeger und eine Kutterschaufel, wurde zunächst mit diesem Wunsch nicht recht verstanden und zu den Mitarbeiterinnen des Speisesaales geschickt. Diesen versuchte ich auf Englisch und durch Gesten meinen Wunsch zu verdeutlichen, was mir zunächst aber nicht gelang. Beim vierten Versuch schließlich hatte ich Erfolg. Ein Mitarbeiter überreichte mir das gewünschte Handwerkszeug, und auf echt schwäbisch gründliche Art kehrte ich all die kleinen gelben Blüten zusammen, stieg auf den Rücksitz, sah in jedem Winkel nach und ruhte nicht, bis auch die letzte gefunden war.

Nach getaner Arbeit strebte ich schnell dem Meer entgegen.

Dort saß ich zunächst nur an einem bequemen Platz und schaute, schaute, schaute auf das Meer und eine Weite, auf die Brandung, die kommenden und die zurückfließenden Wellen und ihr ständiges und doch jedes Mal ein wenig anderes Spiel miteinander.

Ich sah den Menschen zu und die vielen schönen Frauen begeisterten mich.

Und ich begann zu gehen, weit, weit zu gehen, kilometerweit nach Norden und noch viel weiter nach Süden, barfuß im feinen hellen Sand, der trocken und nass war, meine Füße frei oder von sanft auslaufenden Wellen umspült.

Alles war in Ordnung und wunderschön, angenehm und friedlich, genauso, wie ich es haben wollte.

Die Sonne versank dunkelrot und längst gebrochen im Meer und als sie völlig verschwunden war, begann ein neuer Tag, der Tag der Freude und des Feierns, des Ruhens und des Nicht-Eingreifens in die Schöpfung, der Tabu-Tag, der Sabbat.

Natürlich weiß und glaube ich, dass Jesus der Herr über den Sabbat ist und der Sabbat um des Menschen willen geschaffen wurde und nicht der Mensch um des Sabbats willen.

Vom Evangelium her ist es entschieden wichtig, dass wir in der Gnade Christi bleiben und befreit von allen Geboten und Vorschriften der Tora des Mose, z.B. den Sabbatgeboten oder Speisevorschriften leben.

Wir haben eine neue Tora und einen neuen Offenbarer, eben unseren HERRN JESUS CHRISTUS und wir leben in der Gnade und Wahrheit, die durch ihn geworden sind. Das be-

deutet, dass unser ganzes Leben erfüllt durch seinen Heiligen Geist „sabbatlich" ist.

Trotzdem sind wir Christen durch den Glauben an JAHWE GOTT, den Gott Abrahams, Isaaks und Jakobs, verbunden mit unseren jüdischen Glaubensgeschwistern.

Denn für uns Christen ist JAHWE, der Gott der sich den Juden selbst geoffenbart hat, eben auch der Gott und Vater unseres HERRN Jesus Christus, der uns und alle Welt erlöst und befreit hat und zu einem Leben in Glauben, Hoffnung und Liebe einlädt.

Tag 14: In der Synagoge und am Strand

Gerne hätte ich den Beginn des Sabbats in einer Synagoge mitgefeiert, aber an der Rezeption erfuhr ich, dass die Abendfeier schon beendet war.

Dann also am nächsten Morgen. Ganz in der Nähe befand sich eine Synagoge, ich vergewissert mich über ihren Standort und erreichte über einen weiten Bogen wieder den Strand.

In unmittelbarer Nähe mehrerer sehr exklusiver Hotelkomplexe von denen eines mit dem Slogan „For those who have everything" warb, fand ich ein Fischrestaurant. Ich nahm im Freien Platz, schaute hinunter auf das Meer, verfolgte den Lauf der silbern-weißen Wellenkämme und atmete die gesunde, frische Luft tief ein.

Nach einem Glas Wein und einem zweiten wurde ich noch gelassener und glücklicher und blieb lange sitzen.

In Gedanken war ich bei meiner Frau und den Kindern, in Vorfreude darauf, dass wir uns bald wiedersehen würden und in Dankbarkeit darüber, dass ich jetzt noch hier war, mit Resten des feinen Sandes zwischen den Zehen, dem biblischen Himmel über mir, diese Menschen mit ihren Gedanken und Gesprächen um mich und dieser doch so besonderen Erde unter mir.

Am nächsten Morgen betrat ich um 8:30 Uhr die Synagoge, ein modernes Gebäude aus Sichtbeton, im Innern mit viel Holzelementen und wertvoller Ausstattung.

Das Geräusch eines lebhaften Disputs ließ mich aufhorchen. Ein etwa 40-jähriger Besucher sprach auf Englisch angeregt, fast aggressiv mit einem älteren Herrn, der Sanftmut, Weisheit und Bescheidenheit ausstrahlte.

Es ging um das Thema „Räumung des Golan“ und wenig später um die Frage des Verständnisses der Tora an der Stelle, an der über Josua, den Sohn Nuns, etwas anderes geschrieben stand als an allen anderen.

Als ich bemerkt wurde, wurde ich freundlich begrüßt, erhielt einen Gebetsschal und liturgische Bücher und nahm neben dem älteren Mann Platz.

Wir kamen ins Gespräch und der junge Eiferer rief erstaunt „Er kann Hebräisch lesen, viele Neueinwanderer können das nicht!“

Ich war froh, dass immer mehr Besucher kamen und er Gottesdienst begann und ich nicht in ein anstrengendes Gespräch mit ihm verwickelt wurde.

Frauen in eleganten Kleidern mit feingewobenen Schleiern vor dem Gesicht nahmen in einem getrennten, leicht erhöhten Bereich Platz, Mädchen machten von dort aus kurze Besuche bei ihren Vätern und Opas.

Bald bemerkte ich, dass in diesem Gottesdienst eine Bar-Mizwa-Feier stattfand.

Der schwarzgelockte „Sohn des Gesetzes“ saß neben seinem Vater in der ersten Bankreihe. Er hatte ein schönes Gesicht mit noch recht kindlichen Zügen.

Wir begannen zu beten und ich versuchte den Text in meinem Gebetsbuch mitzulesen. Da mir dies einige Schwierigkeiten bereitete blickte ich immer wieder zu meinem freundlichen Mitbeter an meiner Seite hinüber, um wenigstens auf derselben Seite wie er den Anschluss zu finden. Ich musste viele Seitenblicke werfen, denn wir beteten lange.

Schließlich trat der Junge vor und las in einer Art Singsang aus der Tora vor. Er hatte fleißig geübt und vollbrachte diese ehrenvolle Aufgabe tadellos. Sein Vater und besonders sein Großvater blickten voll Freude und Stolz auf ihn.

Der gesamte Gottesdienst dauerte zweieinhalb Stunden und bei allem Interesse und Wohlwollen wurde mir die Zeit gegen Schluss recht lang.

Das Ende der Gebete war erreicht, eine Ansprache, bei der sich der junge Redner sehr mühte und die die Anwesenden wohlwollend über sich ergehen ließen, folgte und nach ihrem alle erleichternden Ende strömten Eltern, Verwandte und weitere Gäste unter Freudenrufen auf die Hauptperson zu.

Ich verabschiedete mich freundlich von dem lieben Beter an meiner Seite und zog mich zurück. Er blieb mir als Muster eines bescheidenen, freundlichen und weisen Menschen im Gedächtnis haften.

Aus Liebe zur Synagoge hatte ich das Frühstück ausfallen lassen. Darum machte ich mich nun umso schneller auf die Suche nach einem Restaurant.

Im Freien, einige hundert Meter vom Strand entfernt aß ich vier Stück Kuchen und trank ebenso viele Tassen Tee.

Danach fühlte ich mich prächtig, ich ging auf mein Zimmer im Hotel um die gewohnte geistliche Nahrung aus der Bibel und im Gebet zu erbitten und zu erhalten.

Ich wusste, dass ich noch früh genug zum Strand kommen würde.

Und so war es auch. Nach dem Gebet ruhte ich mich aus, gönnte mir eine Tiefmuskelentspannungsübung und schlenderte gegen 15 Uhr den mit Steinen in verschiedenen Farben schön gepflasterten Weg zum Strand hinunter, unter einem Rundbogen hindurch, der sehr gut in die ganze Anlage hineinpasste.

Es war einfach wunderbar. Die Wärme der Sonne, der saubere, feine Sand, die heranströmenden und zurückfließenden Wellen, das ständige Murmeln der Brandung, das Lied des kräftigen Windes und der Anblick der vielen friedlichen Menschen.

Erfüllt von solch erfreulichen Eindrücken verbrachte ich den Sabbatnachmittag in einem Liegestuhl am Strand und in den kräftigen unaufhörlich anbrandenden Wellen des Mittelmeeres.

Die Rufe der aufmerksamen Badeaufsicht, die leichtsinnige Kinder und Erwachsene zurück in die Grenzen des abgesteckten sicheren Bereiches geboten, klangen über den Strand. In meiner Nähe hatte sich eine Familie niedergelassen und die kleinen Kinder spielten mit Eimern und Formen im Sand und Wasser.

Alles, was ich wollte und benötigte war vorhanden, der wunderschöne Ort, kühle Getränke, etwas Gutes zum Essen, gedämpfte Popmusik im Hintergrund und der langsam zu Ende gehende Sabbat.

Geduldig wartete ich, bis die Sonne ganz verschwunden war. Erst dann machte ich mich an eine längst geplante Arbeit.

Tag 15: Von Herzliya nach Hohenstein

Im fahlen Licht der untergegangenen Sonne machte ich mich auf die Suche nach schönen Muscheln und Steinen. In der einen Hand eine große Plastiktüte, schlenderte ich im knöcheltiefen Wasser den Strand entlang. Wieder und wieder bückte ich mich nach Muscheln, deren Formen und Farben mir besonders gut gefielen und nach Steinen, denen Wasser, Wind und Wetter im Laufe der Zeit Vertiefungen und Löcher ausgehöhlt hatten.

Als Halsschmuck machten sich diese Funde ausgezeichnet.

Nach einer halben Stunde spürte ich am Gewicht, dass eine ganze Menge zusammengekommen war.

Ich brachte die Last ins Hotel und ging durch die nächtlichen Straßen des Wohnviertels. Das Fischrestaurant am Strand, in herrlicher Lage, lud zum Einkehren ein. Bald saß ich bei einem leckeren Fischgericht und konnte durch die Fensterscheibe den nach Norden eilenden Gischtkämmen nachschauen oder ohne es zu wollen der Unterhaltung zweier Frauen am Tisch gegenüber folgen. Es ging um ein Problem, das die eine der anderen recht erregt und empört schilderte und ein Mann war sicher der Auslöser und sie hatte recht.

Für mich galt es, Abschied zu nehmen, für dieses Mal, von diesem Ort, dem feinen Sandstrand, dem so lebendigen Meer und dem facettenreichen Wind, von diesem Land, mit seiner Schönheit und seinen Gegensätzen, die teilweise kaum auszuhalten waren.

Viele Orte hatten mich angesprochen, von Galiläa bis zum Negev, von Dan bis Beerseba, von Metula the good fence, ganz im Norden an der Grenze zum Libanon bis Eilat am Roten Meer.

Vor allem die Stadt auf den Bergen, die Stadt des großen Königs, die Stadt mit dem Haus des HERRN, JERUSALEM, hatte sich längst in mein Herz gebrannt.

Bis kurz vor Mitternacht saß ich an der Strandpromenade, sah noch einmal das Kommen und Gehen der Spaziergänger, das ausgelassene Spiel der Kinder und freute mich an Whitney Houston's „I Will Allways Love You".

Meine Stimmung war viel mehr dankbar als wehmütig, denn ich hatte die feste und unerschütterliche Absicht, so bald wie möglich wieder hier zu sein.

Im Zimmer packte ich ruhig und überlegt Koffer und Handgepäck und praktiziere meine gewohnten geistlichen Übungen.

Gegen 2:30 Uhr verließ ich das Hotel, im Flur bei der Rezeption schliefen ein junger Mann und zwei junge Frauen zusammengekauert auf Sofas und Sessel. Ich kannte sie als Angestellte des Hotels und er erwachte und öffnete mir die Tür.

Als ich den Wagen starten wollte, sprang er zunächst nicht an. Mithilfe des jungen Mannes aus dem Hotel gelang es uns, das Auto zu starten und ich fuhr durch die sternklare Nacht Richtung Lod zum Ben-Gurion-Flughafen.

Bei der Autovermietung gab ich den Fiat Uno zurück, der mich 1751 Kilometer durch das Heilige Land gefahren hatte. Ich war von Herzen dankbar dafür, dass dies trotz der hohen Verkehrsdichte in Israel ohne den kleinsten Krater oder Unfall geschehen war.

Bald darauf stand ich in der Schlange der Reisenden, die den gleichen Flug gebucht hatten und ließ die Sicherheitskontrollen gelassen über mich ergehen. Eine Mitarbeiterin trat selbstbewusst, ja kühl auf mich zu und stellte verschiedene Fragen zu dem Warum und Wozu meiner Reise, sie erkundigte sich nach meinen Bekannten in Israel und den Orten, an denen ich mich aufgehalten hatte. Besonders wichtig waren mein Gepäck und die Umstände des Packens. Hatte jemand geholfen? Hatte ich Geschenke erhalten? War mein Gepäck zeitweise ohne meine Aufsicht?

Aus irgendeinem Grund wurde sie misstrauisch, vielleicht weil ich einige Brocken Ivrith konnte oder mein ganzes Verhalten für sie irgendwie ungewohnt war.

Deshalb wurde ich von einem anderen Mitarbeiter gegengeprüft. Auch er traute mir nicht so ganz und so ging es in eine dritte Runde. Eine Sicherheitsbeamtin mit strengem Gesicht befragte mich am frühen Morgen, kurz vor 5 Uhr. Es folgte eine Leibesvisitation, Koffer und Handgepäck wurden völlig entleert und ich war sichtlich genervt. Ich stellte der Mitarbeiterin die Frage: „Weißt du, was Laban fand, als er das Zelt Jakobs und seiner Angehörigen durchsucht hatte? So viel werdet ihr bei mir finden.“ Nach fast zwei Stunden hatte sich die Erkenntnis, dass bei mir und meinem Gepäck nichts Gefährliches vorhanden war, bei allen durchgesetzt. Der Fotoapparat musste für eine gesonderte Überprüfung dabehalten werden, es wurde mir aber zugesichert, dass er danach an meine Heimatadresse gesendet würde. Zwei Mitarbeiter begleiteten mich nach oben, führten mich freundlich durch die Passkontrolle und überreichten mir mit um Verständnis bittenden Worten einen eleganten Kugelschreiber mit der Aufschrift „El AL“.

Mein Unmut war rasch verfolgen, im Grunde war ich dankbar für die außergewöhnlich gründliche Kontrolle und es tat mir leid, dass Israel wegen der Gefahr von Terroranschlägen dazu genötigt war.

In meinem Herzen stand längst fest: auch das nächste Mal mit EL AL.

Das Beruhigungsmittel war geschluckt, das Hartgeld und die Scheine bis auf 100 Dollar ausgegeben und der Flug endete ohne nennenswerte Vorkommnisse nach ca. vier Stunden mit einer butterweichen Landung genau zu der Schlussszene eines Filmes mit Tom Cruise in München.

Erfüllt und dankbar betrat ich wieder deutschen Boden, wartete auf das Gepäck und fuhr mit der S-Bahn zum Hauptbahnhof. Dort gab es einen direkten Anschluss zu einem IC Richtung Stuttgart und von dort ging es nach einer kurzen Wartezeit weiter mit dem Zug nach Reutlingen.

Kurz danach saß ich im Bus auf die Schwäbische Alb und stieg in Kleinengstingen aus. Das erste Auto nahm mich mit und fuhr mich in Bernloch bis zum Pfarrhaus. Ich war wieder daheim, stand aber vor verschlossener Tür, denn meine Frau und die Kinder waren bei einem Gemeindefest in Meidelstetten. So ließ ich den Koffer und das Handgepäck an einem geschützten Platz stehen und machte mich zu Fuß auf den Weg in die Nachbargemeinde. Nach wenigen Hundert Metern hielten Jugendliche an und nahmen mich mit.

Gegen 15 Uhr erreichte ich die Gemeindegruppe. Meine Frau und die Kinder begrüßten mich stürmisch und von Herzen und wunderten sich, dass ich schon da war. Nach unseren Vorberechnungen hätten sie mich erst in einigen Stunden in Reutlingen abgeholt.

Es folgte eine herzliche Begrüßung untereinander, wir tranken Kaffee im Gemeindesaal und ich richtete ein kurzes Wort an die Anwesenden, das ich mit den Worten schloss: „Die Reise war wunderbar und eine erneute Bestätigung dafür, dass ich zu Israel gehöre. Ich habe vor, ein Buch über meine Erlebnisse zu schreiben."

Wir fuhren heim, der Koffer wurde geöffnet und die vielen Geschenke verteilt, was mir besonders große Freude bereitete. Alle waren zufrieden mit den sorgfältig ausgewählten Dingen, die ich mitgebracht hatte. Wir saßen um den Tisch und spielten miteinander Malefiz.

Ich schaute zum Fenster hinaus und bemerkte: Die Sonne war untergangen.

Ein neuer Tag begann …

Gesegnet ER, JAHWE GOTT, der EWIGE,

und Sein MESSIAS JESCHUA

und Seine HEILIGE GEISTKRAFT

in Weltzeiten der Weltzeiten

Amen. Halleluja!

Abschluss

Exkurs „Das Wesen der Geschichte aus biblischer Sicht, Apokalyptik und Eschatologie“

Ich habe dieses Buch von Frühling bis Herbst 2024 geschrieben.

In welcher Lage befindet sich die Welt?

Über acht Milliarden Menschen leben in unterschiedlichsten Verhältnissen auf unserer wunderbaren und doch auch so schrecklichen Erde.

Große Dinge sind im Laufe der Geschichte geschehen, geschehen heute und werden in den kommenden Tagen geschehen.

Es geschieht immer etwas.

Ich ermutige alle, dankbar zu sein für alles Schöne und Gute, das JAHWE GOTT uns schenkt und für das Wohlsein aus Seiner Hand. Wir brauchen Seine Segnungen und dürfen und sollen die guten Gaben GOTTES genießen.

Denn wir erkennen die Lage der Welt und unserer Zeit:

Schreckliche Kriege wüten in der Ukraine, im Gazastreifen, im Sudan, in Eritrea, im Jemen und in Äthiopien und an vielen weiteren Orten.

Die Corona-Pandemie hat sich nach vielen Opfern in eine weniger schlimme Krankheit verwandelt, hat aber im sozialen Miteinander traumatische Spuren hinterlassen. Was wird uns weltweit als Nächstes erwarten?

Bisher politisch stabile Staaten beginnen von innen heraus zu zerbrechen, Gräben tun sich auf, die immer tiefer werden.

Konflikte eskalieren oder schwelen vor sich hin, im persönlichen sozialen Umfeld der Nachbarn und Verwandten und im großen Miteinander, Nebeneinander und Gegeneinander der gesamten Völkerfamilie.

Migration und Asyl sind bleibende Ereignisse und Herausforderungen. Viele Millionen Menschen sind auf der Suche nach einem sicheren Wohnsitz und nach Arbeit in Frieden und Freiheit.

Große weltpolitische Fragen stehen bedrohlich im Raum: Welche Präsidentin bzw. welchen Präsidenten werden die USA erhalten?

Wie geht es mit China weiter und der Taiwan-Frage?

Kann Russland wieder in die Völkergemeinschaft integriert werden?

Welche Entwicklung nehmen so wichtige Länder wie Indien, die Türkei und Brasilien?

Und was wird zwischen dem Iran und dem Staat Israel geschehen?

Was wird aus der Weltwirtschaft und dem Wohlstand der Industrienationen?

Wie wirkt sich der Klimawandel und die Erhitzung unserer Erde und der Meere weiter aus? Welche Wetterextreme werden auf uns zukommen? Können unvorstellbare Hungersnöte gelindert oder verhindert werden?

Gerechtigkeit und Ungerechtigkeit

Die schreiende Ungerechtigkeit zwischen den Super-Reichen und den Extrem-Armen hält an und nimmt zu.

Überlegenheit und Verachtung

Menschen mit anderer Hautfarbe, Herkunft, anderem Geschlecht oder anderer sexueller Orientierung werden verachtet, entwürdigt und teilweise ermordet.

Verfolgungen um des Glaubens willen

Viele Millionen Christen werden um ihres Glaubens willen bedrängt, verfolgt, eingesperrt, gefoltert und getötet.

Auch Anhängerinnen und Anhänger anderer Religionen und Glaubensgemeinschaften werden angegriffen, benachteiligt oder gewaltsam unterdrückt und teilweise ermordet.

Das gilt auch für Menschen, die sich auf gesellschaftlichem und politischem Gebiet für Freiheit und die Menschenrechte einsetzen, z.B. für Journalisten und NGOs und Politiker.

Mensch und Tier

Wird die Mehrheit der Tiere weiterhin unbeschreiblich leiden müssen, um den Fleischgenuss der Menschen, die es sich leisten können, zu erfüllen?

Ist es fassbar, dass Regenwälder abgeholzt werden um Nahrung für Tiere anzubauen, deren Fleisch dann Menschen im Unmaß verschlingen?

füllung, auf den Schluss des Lebens in der Form, wie wir es hier auf Erden in Zeit und Raum kennen.

Alles wird neu. Eine neue Schöpfung wird kommen. Den Tag und die Stunde des Endes dieser Welt und das Kommen unseres HERRN JESUS CHRISTUS kennt nach dem Zeugnis der Heiligen Schrift nur JAHWE GOTT, unser VATER im Himmel.

Was ist unsere Aufgabe als Christen?

Wir müssen Anteil nehmen und viele, viele Tausend Tote betrauern:

Soldaten, Kinder, Mütter, Väter, Alte und Junge, Verhungerte, Geschändete, Missbrauchte, Vergewaltigte, Gedemütigte, Entwürdigte, Ermordete, durch schreckliche Krankheiten und Naturkatastrophen Hingeraffte, in Gefängnissen und Straflagern Verstorbene und viele mehr …

Was ist Apokalyptik, Offenbarung und Enthüllung?

Die Bibel verkündigt durch Visionen, durch Bilder und Symbole, wie es in der Geschichte der Menschheit aussieht, wie Völker und Mächte sich ablösen, wie die Welt „vorschreitet" auf ihr Ziel und Ende hin.

Wir hören von zwei Äonen, dem jetzigen, diesseitigen, vergänglichen und dem kommenden, ewigen, himmlischen.

Wir dürfen auf das Jenseits hoffen, auf das Leben in der Wirklichkeit GOTTES.

Wir dürfen uns darüber freuen, dass JAHWE GOTT stärker ist als der Satan, der Gegner GOTTES, der Fürst dieser Welt, der durch Lüge und Mord die soziale Gemeinschaft unter den Menschen und ihr physisches Leben zerstört.

JESUS CHRISTUS ist Sieger. ER ist der MESSIAS.

GOTT, DER VATER hat IHM alle Vollmacht übergeben, über jeden Bereich.

Wir Menschen können die Macht des Bösen nicht besiegen. Der Satan, der Gegner JAHWE GOTTES, der Lebenzerstörer ist stärker als wir.

Nur JAHWE GOTT kann die Bosheit besiegen und vernichten.

Wir bergen uns in IHM.

Im Gebet und in der Stille, in der Gemeinschaft der Ekklesia, der herausgerufenen Schwestern und Brüder, im Hören auf die Heilige Schrift und im Lesen von geistlichen Büchern und dem geschwisterlichen Austausch untereinander.

Dabei hilft uns das Neue Testament auf besondere Weise.

Es ist in seinem Wesen apokalyptisch und eschatologisch.

Die Zeit war erfüllt, vor ca. 2000 Jahren.

Die Botschaft JESU von Nazareth ist nur als Offenbarung des Willen Gottes und Hilfe für die letzten Zeiten zu verstehen.

JESUS hat das Reich GOTTES durch WORT und TAT, Zeichen, Werke und Wunder verkündigt und durch Seinen Tod am Kreuz in diese Welt, die unter der „Hamartia“, der Verfehlung steht hereinrechen lassen. Auf Golgatha ist das Sühnmal, der

Ort der Versöhnung, der Ort an dem das vergossene Blut unseres HERRN Sühne gewirkt hat.

JESUS hat die sündhafte Menschheit zum heiligen GOTT gebracht und Dieser hat dieses Opfer angenommen

JAHWE GOTT hat Seinen Sohn auferweckt, erhöht und zum HERRN aller Herren und KÖNIG aller Könige eingesetzt.

JESUS wird wiederkommen und die Neue Schöpfung verwirklichen.

Bis es soweit ist, leben wir Christen den Glauben in der LIEBE aus.

Wir sind gütig zu uns selbst und zu unseren Mitmenschen. Wir sind geduldig mit uns selbst und unseren Mitmenschen. Wir haben einen langen Atem.

Und wir haben ein großes Herz, weil wir uns täglich an die unerschöpflichen Kraftquellen GOTTES anschließen.

Darum halten wir durch und machen weiter, mutig und voll Hoffnung,

Wir vertrauen JAHWE GOTT, unserem VATER im HIMMEL, Seinem SOHN JESUS CHRISTUS, unserem HERRN und dem HEILIGEN GEIST, Seiner LEBENSKRAFT, der RUACH, die hinter allem Leben steht.

Wie wird es weitergehen?

Aus meiner Sicht gleicht diese Welt einem todkranken Menschen.

Darum kümmern wir uns palliativ, „den Mantel der Liebe um sie legend", um sie.

Wir sprechen stille, gute Worte und schweigen, wenn wir keine Worte haben, wir lindern Schmerzen und Not, wo wir es können.

Und vor allem: Wir beten täglich für diese wunderbare und schreckliche Welt und alle Geschöpfe, die auf ihr leben.

Einfach gesagt:

Wir leben unseren Glauben in der Liebe aus.

Dankeswort

Ich danke allen, die zur Verwirklichung dieses Buches beigetragen haben, von Herzen.

Mein besonderer Dank gilt Herrn Dr. Günther Wannenmacher von Westarp BookOnDemand, Hohenwarsleben, für seine fachkundige, freundliche Beratung und Zusammenarbeit.

Das hervorragende, sehr gründliche und einfühlsame Lektorat durch Frau Anett Pätsch ist von unschätzbarem Wert und verleiht meinen Ausführungen im sprachlich-stilistischen Bereich die von mir angestrebte Qualität. Danke, vielen Dank dafür.

Jochanan-Sela Esch